사회복지역사 탐구

박태정 저

학지사

여는 글

복지국가에 대한 관심이 여느 때보다 높아진 요즈음, 언론 매체 그리고 시민들이 모이는 곳 마다 '인간다운 삶을 어떻게 살 것인가'에 대한 이야기는 중요한 화두가 되었다. 그뿐만이 아니다. 여러 사고와 문제가 터질 때마다 긴급진단이라는 명목하에 크고 작은 대책 역시 하루가 멀다 하고 쏟아져 나오고 있다. 한국 전쟁 이후 지금까지 앞만 보며 내달리던 대한민국이라는 기관차에 어쩌면 긴급 제동이 걸린 셈이다. 성장만을 외치던 과거와 달리 삶의 질에 대한 담론이 좀 더 주목받는 것을 보게 되면서 '그래도 너무 늦지만은 않았다.'는 생각에 무거운 숨을 쉬게 된다. 동시에 사회복지학을 공부하고 가르치는 사람으로서 치열하게 고민해야 할 숙제를 거머쥔 듯한 책임감 역시 감출 수 없다.

잘 알려진 것처럼 인간다운 삶은 사회복지를 관통하는 핵심어다. 하지만 지금의 모습을 갖추기까지 한국 사회는 인간다운 삶에 대한 논의와 관심을 도외시해 온 것이 사실이고 이러한 현상은 경제성장과 삶의 질 간의 불균형을 초래한 원인이 되었다.

그렇다면 우리 사회가 외면해 왔던 그 사회복지란 과연 무엇일까? 지금 우리는 왜 복지를 이야기하는가? 이와 같은 질문의 답을 찾기 위해 조심스럽게 역사를 꺼내 들었다. 이 책은 복지정책이 그저 선심 쓰듯 나눠 주는 선물이 되지 않기 위해 복지국가가 단지 보수와 진보 간 해묵은 논쟁의 희생양이 되지 않기 위해, 무엇을 어떻게 해왔는지 역사가 말하는 소리를 놓치지 않으려고 하는 데 초점을 두었다. 복지의 시작으로 거슬러 올라가 차근차근 짚어 내려와 보는 데 의미를 둔 것이다. 아울러 학계와 사회복지현장 그리고 대중에게서 '사회복지'는 조금씩 서로 다른 관점에서 다뤄지는 점을 감안하여, 복지의 변화상을 역사적 사실에 따라 객관적으로 설명하고자 주력하였다.

이 책은 크게 다섯 가지 영역으로 구성되어 있다. 먼저 1부는 사회복지의 개념과 가치를 이해하는 한편, 사회복지역사를 들여다보는 이유와 그 방법에 대해 다루고 있다. 나아가 고대부터 지금까지 이어져 온 사회복지의 연원에 대해 동서양을 간략히 비교하면서 제시하였다. 2부와 3부는 영국과 스웨덴의 복지역사를 설명한다. 잘 알려진 것과 같이 영국은 미국과 독일 등 여러 나라에 대해 복지정책과 복지국가 담론 형성에 상당한 영향을 미친 국가이자, 서구에서 국가주도형 공공부조제도의 포문을 연 나라로서 사회복지 역사 기본서에서 공통적으로 강조되는 국가다. 스웨덴은 사회민주주의 국가의 대표이자, 21세기에 들어와 특히 우리나라가 주목하고 있는 복지국가에 해당한다. 이 두 국가의 역사적 경험은 오늘날 여러 국가의 복지정책의 변화양상을 이해하는 데 도움이 될 것이다. 아울러 4부에서는 한국사회복지역사를 살펴보았다. 하나의 장으로 묶어 다루기에는 부족한 감이 없지 않지만, 고조선부터 근대에 이르기까지 변화과정을 집약적으로 정리하는 데 초점을 맞추었다. 무엇보다 일제강점기 이전과 이후를 비교하면서 읽어 내려 간다면 좀 더 흥미로울 것이다. 마지막 5부에서는 20세기 중 · 후반 이후 복지국가가 어떻게 수정 · 변화되었는지를 중심으로 역사적인 사실 변화를 다루었다. 이는 앞서 다룬 한국을 포함한 세 국가가 지금 어떤 현실에 발을 딛고 서 있는지를 이해하는 데 도움이 될 것이다.

우리 사회의 화두가 된 복지국가의 시작과 변화를 역사적 관점에서 다루어야 한다는 문제인식에서 출발했지만 미진하고 부족한 부분이 남아 있다. 사회복지학을 공부하는 학생과 시민 독자 사이의 접점에서 사회복지학 전공자에게 그 무게 중심이 상당 부분이 옮겨간 것도 부인할 수 없는 사실이다. 또한 '한국사회복지역사'가 시민사회와 대학에서 모두 활발하게 토론되고 심층 분석이 이루어져야 하는 필요성 역시 절감하게 된다. 이 모든 것은 저자에게 남겨진 큰 과제다. 그럼에도 불구하고 이 책이 무심코 스쳐 갔던 역사적 사실의 행간을 재음미하고 나아가 복지국가의 발자취가 좀 더 선명해지는 데 도움이 되길 희망해 본다.

책이 나오기까지 많은 분이 도움을 주었다. 공부하는 일의 즐거움을 늘 일깨워 주시는 김영화 교수님께 존경을 담은 인사를 드리

고자 한다. 아울러 원고를 쓰는 동안 많은 영감을 더하여 주신 서
울사이버대학교 사회복지학부 모든 교수님께 감사드린다. 국민
권익위원회의 문무철 님, 조계종사회복지재단의 주민정 님, 법무
법인 밝음의 이경희 님, 희망 DRI 최혜원 님 등 여러 분야 전문가
와의 토론은 과거와 현재의 복지를 연결하는 데 풍부한 아이디어
가 되었다. 무엇보다 이 책이 만들어지기까지 여러 수고로움을 감
수해 주신 도서출판 학지사의 모든 구성원 분께 감사의 마음을 전
한다.

2014년 7월

박 태 정

차 례

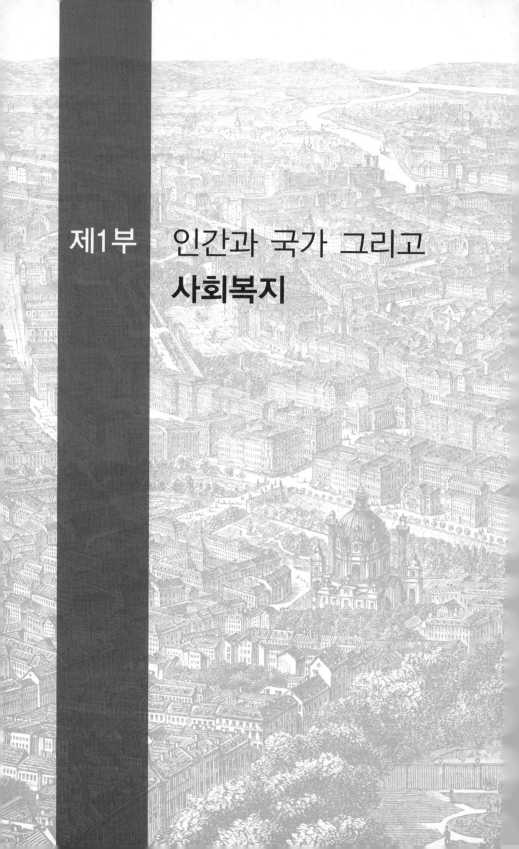

제1부 　인간과 국가 그리고
　　　　사회복지

1

제1장

사회복지의 이해

1. 들어가는 말

1990년대 이후부터 지금까지 우리 사회에서 열띤 논의가 이어지고 있는 주제 가운데 하나가 바로 사회복지다. 그간 가난하고 어려운 사람들을 위한 것으로만 여겼던 사회복지가 이제 대한민국의 발전과 성장계획에 빠져서는 안 될 중요한 요소로 자리매김한 것이다. 이러한 시대 변화를 보면서 '왜 사회복지인가?'에 대한 답을 진지하게 고민하게 된다.

사회복지란 무엇인가? 그리고 지구촌 모든 국가와 사회에서 왜 사회복지는 늘 화두가 되고 있는가?

사회복지의 의미와 중요성을 파악하기 위해서는 인간과 사회에 대해 이해하여야 한다. 오늘날 우리가 살고 있는 세상은 정보기술(Information Technology: IT)의 홍수, 그리고 그 속에서 드러나고 있는 모든 종류의 소외와 고립, 분열과 결합을 넘나들며 일어나는 각종 사회문제가 한데 들끓고 있는 가마솥과도 같은 양상이다. 그런가 하면 고대 이래로 지금까지 해결되지 못한 숙제—대표적으로 빈곤, 차별, 폭력, 불평등 등—역시 여전히 해답을 바라는 과제다. 이 시대를 살고 있다면 누구라도 이러한 문제로부터 결코 자유롭지 못하다. 우리가 살고 있는 21세기는 몇 천 년에 걸쳐 반복되고 있는 문제와 지금 새롭게 등장하고 있는 이슈가 모두 함께 배양되고 있는 바로 그 순간이라고 해도 과언이 아니다.

인류는 이와 같은 문제를 고민하기 위해 오랜 노력을 기울여 왔다. 그 수고의 결실이 다름 아닌 '사회복지'다. 해결되지 못하고 있는 여러 어려움에 대해 개인, 가족의 책임이나 공동체만의 노력으로 대응하려고 했던 것에서 점차 사회와 국가의 책임으로 그 인식이 전환되면서 사회복지는 비롯되었다. 바꾸어 말하자면, 무수한 문제를 고민하고 해결하기 위한 그 동안의 시간이 오늘의 사회복지를 만들어 온 것이다. 그렇기 때문에 인간 사회에서 복지는 떼려야 뗄 수 없는 불가분의 관계라고도 할 수 있다. 사회복지는 곧 '인간 사회의 안녕을 위한 국가적 차원의 총체적 노력'이라고 해도 과언이 아닌 셈이다. 따라서 사회복지를 이해하기 위해서는 개인과 사회 그리고 국가의 관계 속을 들여다보아야 한다. 나아가 앞서 설명한 것과 같이 오랜 시간 동안 사회복지의 한 축을 맡아 온 세 주체 간에 어떤 노력이 전개되어 왔는지를 상세히 비교하여야만 제대로 알 수 있다. 그런 만큼 사회복지역사의 종횡을 가로지르며 발견하게 되는 모든 사실은 오늘을 되돌아보고 내일을 준

비할 수 있게 하는 든든한 노둣돌이 될 것이다.

2. 사회복지의 개념

많은 학자가 입을 모아 얘기하듯이, 사회복지를 하나의 의미로 정의하는 것은 매우 어렵다. 심지어 때로는 불가능해 보이기까지 하다. 그 이유로는 사회복지는 인간(그리고 인간생활)과 직결되어 있고, 도덕이나 종교와 같은 규범적 가치가 아님에도 불구하고 그러한 것들과도 매우 닮은꼴을 보인다는 점을 들 수 있다. 복지국가의 어원에서도 시대적 상황과 종교, 정치 그리고 국가를 둘러싼 고민의 흔적이 엿보인다. 오늘날 널리 사용하고 있는 복지국가(welfare state)라는 말은 영국의 대주교였던 윌리엄 템플(William Temple)이 1941년 그의 책 *Citizen and Churchman*에서 사용하면서 일반화되었다.

역사 속 인물: 윌리엄 템플

윌리엄 템플(William Temple)은 1881년 잉글랜드 남서부 엑서터(Exeter) 지역 주교관에서 태어났다. 아버지 프레드릭 템플은 후에 영국 교회의 최고 지도자인 캔터베리(Canterbury) 대주교였는데, 아들인 윌리엄 템플도 훗날 캔터베리 대주교가 되었다. 윌리엄 템플은 상류층 자녀가 다녔던 럭비 스쿨(Rugby School)을 졸업하고, 옥스퍼드 대학교

의 베일리얼(Balliol) 칼리지로 진학하여 당시 신헤겔주의 철학자였던
에드워드 케어드(Edward Caird)의 제자로 공부했다. 이때 만난 친구들
중에 훗날 영국이 복지국가를 이루는 데 결정적 계기가 된 역사적 문서
인 베버리지 보고서(Beveridge Report)를 쓴 윌리엄 베버리지(William
Beveridge)와 기독교 사회주의와 도덕주의의 사상적 지도자가 된 경제
사학자 리처드 토니(Richard Tawney)가 있다(장기용, 2005: 14).

그는 여기서 국민을 국가에 종속시킨 히틀러의 '전쟁국가(war-
fare state)'가 아닌 국가가 국민을 위해 존재하는 '복지국가(welfare
state)'가 되어야 한다고 주장했다(장기용, 2005). 복지국가의 어원
만 보더라도, '복지'의 문제가 20세기의 자본주의 폐단과 사회 갈
등, 그리고 억압되었던 정치 현실과 이를 둘러싼 수많은 사회문제
를 해결하기 위한 접근과 연결되어 있음을 알 수 있다.
　사회복지는 다차원적이고 유기체적인 속성을 지닌 사회과학적
개념이므로 그 정의를 수학식처럼 단일하게 표현하기란 매우 어
렵다. 그러나 다양한 정의에 내재된 공통적인 목적을 중심으로 정
리해 본다면, 사회복지(social welfare)란 '사회 전체와 그 모든 구
성원의 안녕(well-being)을 목적으로 하는 것'으로 볼 수 있다. 또
한 사회복지의 개념은 무엇을 강조하는지에 따라 협의와 광의로
나누어 제시되기도 한다. 먼저 협의의 차원에서 사회복지란 인간
의 선한 동기와 이타심을 기초로 한 모든 형태의 나눔과 박애, 비
영리 기관의 다양한 활동, 빈곤을 완화하기 위한 공공과 민간의

모든 시도와 노력을 의미한다. 이에 비해 광의의 사회복지는 '국가와 사회를 유지하는 데 가장 중요하고 기초가 되는 것으로서 사회, 경제, 교육 그리고 건강 분야 등과 관련되는 국민의 욕구를 충족시키도록 하는 제도, 프로그램, 급여와 서비스의 총체'(Barker, 1995: 357)에 해당한다. 또한 '가족, 지역, 국가 그리고 사회의 보다 높은 수준의 안녕을 꾀하는 것'(김영화, 박태정, 2003: 31)이라고도 확대하여 이해해 볼 수도 있다.

그런데 협의와 광의의 관점 모두 서로 다른 한계점이 존재한다. 예를 들어, 협의의 측면에서는 사회복지의 초점을 빈곤과 사회적 약자로 지나치게 축소시키려는 경향이 있다. 그 폐단으로 인해 사회복지 제도와 급여의 대상이 된다는 것이 마치 주홍글씨와 같은 낙인처럼 여겨졌던 역사적 사실도 분명히 존재한다. 광의의 시각 역시 사회복지의 저변을 지나치게 넓게 해석하고 있기 때문에 오히려 그 실재(實在, reality)를 더욱 모호하게 만드는 단점이 있다. 따라서 광의와 협의로 구분되는 사회복지 개념은 관점에 따른 이해의 차이를 설명하는 것일 뿐 양자택일되어야 할 것이 아니라는 점을 유의하여야 한다. 즉, 추상적인 사회과학 개념으로서의 사회복지가 실제로 국가와 사회에서 실행되는 모습의 차이를 설명할 때 협의와 광의의 관점이 좀 더 유용하다고 볼 수 있다.

비록 사회복지가 피타고라스의 정의와 같은 불변의 용어로 설명되긴 어렵지만, 협의로부터 광의에 이르는 차원의 사회복지 개념에서 공통적으로 중요하게 나타나는 점을 다음과 같이 정리할 수 있다. 첫째, 사회복지는 인간다운 생활을 둘러싼 국가와 국민의 권리·의무관계에 기반한 모든 형태의 공적 노력이며, 이는 대체로 제도, 정책, 프로그램 등으로 구체화되어야 한다. 둘째, 어떤 형태와 관점을 취하더라도 사회복지는 개인과 사회를 건강하게 유지, 성장시키는 데 기여하여야 한다. 마지막으로 사회복지는 국민과 국가의 궁극적인 목표, 즉 조화로운 성장을 견인하는 것이며 특히 상생을 추구하는 것이다.

3. 사회복지의 가치

사회복지의 대상이자 주체인 인간, 사회 그리고 국가는 끊임없이 변화하는 유기체다. 어떤 시기, 환경에서라도 인간은 사회에서 일어나는 모든 것에 대한 생각과 판단을 하게 되는데, 이때 기준이 되는 것이 바로 가치다. 이러한 점에서 사회복지는 가치로부터 벗어나 생각할 수 없으며, 오히려 사회복지에서 가치를 배제한다는 것은 사회복지를 제대로 이해하지 못하는 일로도 귀결될 수 있다.

사회복지는 모든 개인과 사회의 안녕을 목적으로 하기 때문에 어떤 상태가 안녕인지 그리고 그것을 충족하기 위해 무엇이 필요한지에 대한 논의는 고대로부터 지금까지 이어져 오고 있다. 그리고 시대에 따라 사회복지를 통해 추구하고자 하는 목적 역시 조금씩 달라지기도 한다. 바꾸어 말하면, 그 당시의 지배적인 가치가 무엇이냐에 따라 사회복지의 양상도 함께 변화되어 왔으므로 사회복지의 역사는 사회복지의 가치가 변화하여 온 발자취라고도 얘기할 수 있다. 그렇기 때문에 사회복지의 가치는 사회복지의 역사를 통해서 좀 더 잘 이해될 수 있는 것이다.

어의적 의미에서 가치(價値, Value)란 사물이 지니는 값 혹은 쓸모를 의미한다. 나아가 인간이 대상과의 관계에 의해 지니게 되는 중요성을 의미하는 것이기도 하다. 그러므로 가치는 개인의 행동과 판단에 영향을 미치는 기준이 될 수 있으며, 바깥으로 보여지는 모든 현상을 해석하는 데 필요한 준거가 된다. 사회과학 개념으로서의 가치는 존 듀이(John Dewey)의 해석을 통해 보다 쉽게 이해할 수 있다. 그에 따르면 가치란 선하고 바람직한 행동을 선택하는 지침 혹은 기준을 의미한다. 사회복지가 개인과 사회의 안녕을 모두 포괄하고 있기 때문에 어떤 영역에 초점을 두는지에 따라 그 주된 가치가 다양하게 설명될 수 있지만, 시대와 영역을 아울러 공통적으로 강조되는 것은 인간의 존엄성, 자유 그리고 평등이라고 볼 수 있다. 그리고 이를 추구하는 과정에서 나타났던 현상과 사실이 사회복지가 발전해 온 '역사'이기도 하다.

1) 인간의 존엄성

사회복지의 출발이 되는 가장 중요한 가치는 바로 인간의 존엄성이다. 이것은 모든 생명에는 귀천이 없음에서 비롯되는데, 인간은 인간으로서 동일한 가치이며 다른 일체의 요인으로 인해 차별받지 않아야 함을 의미한다. 인간의 존엄성은 오랜 시간 동안 종교와 철학 등 모든 분야에서 두루 강조되어 왔다. 불교 초기 경전인

아함경(阿含經)을 보면, 당시의 신분제 계급구조로 인해 사람의 가
치마저 해당 계급으로 결정되어 폄하되는 현실을 두고, 부처는 사
람의 귀천은 신분에 있지 않으며 인간은 누구나 귀한 존재라고 말
했음이 나타난다. 또한 기독교에서도 하나님이 자기 형상, 곧 하나
님의 형상대로 사람을 창조하였으며(창세기 1: 26~31) 사람을 외모
로 취하지 않아야 함(야고보서 2: 1)이 성경을 통해 강조되어 있다.

  인간의 존엄성에 대한 철학적 이해 또한 다르지 않다. 이스라엘
의 철학자 아비샤이 마갈릿(Avishai Margalit)은 자신의 저서 『품위
있는 사회(The Decent Society)』에서 '인간의 존엄성'을 두 차원으
로 설명하였는데, 하나는 인간의 '자기-존중(자존심)'과 관련된
것이고, 다른 하나는 '자기-평가'다. 이때 전자인 자기-존중은
사람을 평등하게 대우하는 근거와 연결되며, 후자의 것은 사람을
서로 다르게 대우하여야 하는 데 기초가 되는 것이다. 즉, 인간이
기 때문에 기본적인 존중의 대상이며, 어떠한 형태로든 모든 인간
에 대한 모욕과 폄하는 잘못된 것이라는 의미다(장은주, 2004).

  이와 같이 볼 때 인간의 존엄성은 때와 장소에 따라 변화되는
것이 아닌 절대적 가치다. 그럼에도 불구하고 인간의 존엄성은 제
도적 차별과 불합리한 기준으로 인해 자주 위협받고 있으며, 사실
인간의 존엄성이 온전히 구현되었다고 말할 수 있는 역사적 시기
혹은 사건은 거의 찾아보기 어렵다. 가령, 성별, 연령, 인종 등 개
인의 서로 다른 차이를 이유로 하는 차별을 철폐하기 위한 제도적
장치의 경우도 겨우 20세기 후반에 이르러서야 일부 국가에서
'법'적 효력을 얻게 되었을 뿐이다.

〈표 1-1〉 각국의 차별금지 관련 법규 제정 시기

국 가	관련 법	제정 연도
미국	「장애차별금지법」	1990년
	「연령차별금지법」	1967년
	「인종차별금지법」	1964년
	「성차별금지법」	1964년
호주	「장애차별금지법」	1992년
스웨덴	「장애차별금지법」	1999년
독일	「장애차별금지법」	2002년
한국	「장애인차별금지 및 권리구제에 관한 법률」	2008년
	「고용상 연령차별금지 및 고령자고용촉진에 관한 법률」	1991년[1]

〈표 1-1〉 하나만 보더라도 사회복지에서 인간의 존엄성이 제도적인 차원으로 강조되기까지는 그 중요성에 비해 아주 오랜 시간과 노력이 들었음을 알 수 있다. 오늘날 미시 영역에서 거시 영역에 이르기까지 현대 사회복지와 관련된 모든 제도와 활동은 인간의 존엄성을 공통적인 가치 기반으로 삼고 있으며, 나아가 '인간다운 삶'을 살기 위한 권리로서 생존권의 보장으로 이어지고 있다.

2) 자 유

자유는 익숙하면서도 상당히 어려운 개념이다. 자유에 대한 가

---

1) 당초 1991년에 「고령자고용촉진법」으로 제정되었다가 2008년 개정에서 「고용상 연령차별금지 및 고령자고용촉진에 관한 법률」로 법명이 개정되었다.

장 기초적인 해석으로는 외부의 개입과 간섭으로부터의 자유, 그리고 재산권의 자유[2]를 들 수 있다. 이때 외부란 개인, 집단, 사회 등 다른 모든 것을 지칭하는 것이며, 이를 일컬어 '무엇으로부터의 자유'라고 말할 수 있다. 이와 같은 자유는 매우 소극적이지만, 가장 기본적인 자유의 요소를 담고 있다. 즉, 사상의 자유, 집회결사의 자유, 직업선택의 자유, 거주 이전의 자유와 같은 기본권적 자유권의 요소가 대체로 이에 해당한다. 그러므로 거의 대부분의 국가는 소극적 자유에 근거한 구체적인 권리를 법으로 보장하고 있으며, 이에 대한 보호를 국가의 의무로 간주된다.

　자유의 또 다른 형태로 개인이 추구하는 바를 행할 수 있는 자유, 즉 적극적 자유가 있다. 이는 개인의 의지를 실현하기 위한 자유를 의미하는 것으로, 목적과 목표를 달성하기 위한 개인의 능력이 최대한 존중되도록 하는 것과 연관된다. 즉, 소극적 자유가 최소한의 자유권을 의미한다면 적극적 자유는 이것이 좀 더 확대된 것이다. 사회복지에서는 인간다운 생활을 추구할 수 있는 자유, 개인의 역량을 계발할 수 있는 자유, 노동의 자유 등이 이에 해당한다. 이러한 형태의 자유를 추구하기 위해서는 국가의 책임 있는 정책 실천이 수반되어야 하는 만큼, 교육 · 노동 · 환경 · 의료 등 여러 분야에 걸쳐 각종 정책과 제도가 만들어져 실행되어야 한다.

---

[2] 가장 고전적인 의미에서 자유주의도 이와 일맥상통한다. 즉, 사유재산의 절대성을 어떻게 확보할 것인가는 자유주의자의 가장 중요한 초점이었다. 바로 이 점에서 고전적 자유의 의미를 중요시하는 일부 입장에서는 국가로부터 사유재산이라는 사적 권리의 절대성을 보호하는 것을 중요하게 간주한다. 따라서 조세를 통한 재원 조달을 사유재산에 대한 침해로 인식하여 국가의 영역을 최소화하여야 한다고 주장하기도 한다.

이와 관련된 정책이 바로 광의의 사회복지에 해당하며, 국가는 제도적 장치를 통해 국민 개인의 적극적 자유를 실현시킬 수 있는 기반을 마련할 의무가 있다. 국가와 국민의 권리·의무관계에 기반한 적극적 자유는 대체로 사회권(생존권)적 기본권의 구체적인 요소로 법제화되어 있다.

사회권(생존권)적 기본권의 이해

사회권적 기본권은 사회적 기본권 혹은 생활권적 기본권, 생존권적 기본권으로도 일컬어진다. 사회권에 대한 관심은 자본주의 경쟁체제 속에서 필연적으로 나타나게 되는 다수의 비자발적 근로빈곤집단의 등장과 더불어, 시민사회의 모순을 바로잡고 그 존립을 위한 중요한 장치로서 기능할 것에 대한 기대로부터 발전하게 된 것으로 볼 수 있다. 환언하면 생존권은 자본주의 속에서 생활과 생존의 위기에 처한 사람들의 생활보장에 대한 과제를 해결하기 위해 등장한 것으로서, 절박한 욕구와 위기로부터의 보장이라는 점에서 중요한 의미가 있다. 즉, 생존권은 스스로 인간다운 생활을 영위하기 어려운 자에게 사회보장을 받을 권리를 보장한다는 측면에서 국가의 개입을 배제하는 자유권과 달리, 국가의 개입을 적극적으로 강조하는 사회적 기본권의 성격을 지닌다. 이 같은 생존권적 기본권의 함의는 국민 개인의 생존을 위해 필요한 재화의 배분과 공급이 이뤄져야 하기 때문에 국민 집단을 대상으로 하는 국가의 의무가 수반되어야 한다는 점이다. 그러므로 그 권리의 구체적 실현을 위한 조치는 대체로 사회복지 관계 입법을 통해 제도화되어야 한다. 물론 구체적인 수준과 내용은 관계법에 의해 규정되어 행사되는 것이지만, 최저한의 인간다운 생활은 단순히 신체적 차원뿐만 아니라 문화적 측면을 포함한 개념이다(박태정, 2010: 203~204).

3) 평 등

쉽게 생각해 보면 평등은 '똑같이 만드는 것'이라고 볼 수 있다. 하지만 사회과학에서, 나아가 사회복지의 가치로서 평등의 의미는 비단 '똑같음'만을 의미하는 것은 아니다. 사회과학에서 평등의 개념은 여러 가지로 설명되지만 대체로 사회복지학에서는 세 가지의 범주로 구분하여 이해하는데, 기회의 평등, 조건의 평등 그리고 결과의 평등이다.

먼저 기회의 평등은 평등을 얘기할 때 빼놓을 수 없는 기본 개념으로서 인구사회학적 차이 혹은 외부 환경 요인의 다름과 무관하게 각 개인에게 동일한 기회와 권리를 보장해야 한다는 의미다. 사회복지적 측면에서는 국가로부터 실시되는 모든 정책과 제도에 대해 국민이라면 누구나 접근할 수 있고 동일한 기회를 가질 수 있다는 것으로 설명해 볼 수 있다. 예를 들어, 우리나라 국민이라면 누구나 중등 의무교육을 받을 수 있는 권리가 있다는 것이 다름 아닌 기회의 평등을 보장하는 것이다.

지금은 당연하게 보이지만 이러한 것들이 처음부터 보장된 것은 아니다. 후술하게 되는 사회복지의 구체적인 역사를 살펴보게 되면 기회의 평등에 대한 인식과 개념이 확산된 것은 동서양을 막론하고 거의 근대에 이르러서야 가능해졌다. 가령 노예제도와 같은 신분제 그리고 인종과 성별, 종교에 의한 차별 등은 기회의 평등을 박탈시키는 장치로 오랫동안 남아 있었고, 시민사회의 성장과 혁명 같은 역사적인 고비와 변혁을 지나면서 이러한 폐단이 조금씩 극복되어 오늘날 기회의 평등으로 이어진 것이다.

두 번째는 조건의 평등이다. 이 개념은 기회의 평등만을 강조할 때 나타날 수 있는 문제점을 보완할 수 있는 장치이기도 하다. 즉, 조건의 평등은 기회의 평등이 시작되는 출발조건을 평등하게 정비하고자 하는 노력에서 나온다. 예컨대, 우리나라 수학능력시험에서 시각장애인 응시생에게 비장애인 응시생보다 시간을 1.7배 더 할당하는 것이 이에 해당한다.

마지막으로 결과의 평등이다. 앞서 설명한 기회 및 조건의 평등과 달리, 결과의 평등은 그야말로 개인의 특성이나 능력 등과 관계없이 최종 결과에 모두 다다를 수 있게끔 만드는 것을 의미한다. 다시 말해, 제도나 법적 구속력 등에 의해 마지막 결과의 평등만을 달성하고자 하는 것이다. 오늘날 결과의 평등만을 목적으로 삼는 사회복지정책은 거의 없다고 볼 수 있다. 나아가 결과의 평등만을 강조할 경우, 개인의 자발적인 역량강화를 기대하기 어려울 수 있다. 예를 들어, 100m 달리기에서 모든 사람을 똑같이 들어오게 하려는 것과 같다.

FOCUS

자유와 평등

자유는 종종 평등과 대립각을 세우는 것처럼 보인다. 그런데 이에 대해 로널드 드워킨(Ronald Dworkin)은 '자유주의적 평등'을 주장하면서, 자유와 평등 그리고 공동체는 세 가지로 구분되어 자주 충돌하고 갈등하는 것이 아니라 단일한 비전을 갖는 상호보완적인 가치라고 설명한 바 있다. 드워킨은 자유는 '그것이 무엇이든 원하는 것을 할 수 있는 것'이 자유가 아니라, '다른 사람들의 진정한 권리를 존중하는 것은 무엇이든지 할 수 있는 것'이 자유라고 정의하였다. 또한 그는 평등은 자원과 기회로 측정되는 것이어야 하며, 복지나 행복으로 측정해서는 안 되는 것이라고 비교·설명하였다. 그의 주장에 따르면 공동체는 개인의 자유와 책임을 흠집내거나 약화시키는 것을 기초로 하는 것이 아니라 자유와 책임을 공유하고 진정한 존중을 기초로 하는 것으로서 이것이 바로 자유주의적 평등에 의한 진정한 자유의 의미라고 주장한 바 있다(Dworkin, 2005). 드워킨의 이러한 주장은 과거 소극적 자유와 적극적 자유로 구분하여 사회복지적 가치를 타진한 것에 비해 좀 더 진일보했다고 볼 수 있다.

이 장의 요약

1. 사회복지는 개인과 가족, 집단 그리고 사회에 이르는 세 주체의 하나된 노력이 조화를 이룰 때 발전할 수 있다. 또한 인간 사회의 안녕을 위한 국가 차원의 총체적 노력의 결실이다.

2. 사회복지는 제도적인 노력이 뒷받침되어야 하며, 구체적인 정책과 프로그램으로 실행될 필요가 있다. 나아가 개인과 사회를 건강하게 유지, 성장시키는 데 기여하여야 하고, 조화로운 성장을 이끌어 낼 수 있어야 한다.

3. 사회복지의 중요한 가치로는 인간의 존엄성, 자유 그리고 평등을 들 수 있는데, 이를 보장하고 실현해 가는 과정에서 다양한 사회복지제도가 발전해 왔음을 알 수 있다.

제2장

왜 사회복지역사를 탐구하는가

1. 사회복지역사 탐구의 이해

역사는 과거와 미래를 잇는 연결고리다. 마치 원인과 결과의 관계처럼 역사는 오늘을 비추는 거울과 같다. 개인과 사회의 건강한 성장과 복지국가의 발전에 관심을 두고 있는 사회복지학에서는 역사 속의 사건이 지금 벌어지는 일의 이유를 이해하는 데 도움이 되고, 나아가 바람직한 대안을 모색하는 데도 유용하다는 점에서 역사 탐구의 의의가 있다.

그렇다고 하여 사료(史料)의 단순한 나열만으로는 역사가 말하고자 하는 본질을 알기란 불가능하며, 보다 체계적이고 과학적인 방법을 통해 역사를 이해하고 분석해야 한다. 사회복지역사 탐구의 중요성도 이 점과 연관된다. 시대적 관점에서 사회복지가 어떻게 변화되어 왔는지, 또한 그러한 변화를 야기한 원인은 무엇인지

에 대한 정확한 이해가 지금의 복지를 설명할 수 있는 근거다. 더
불어 자국과 타국 간의 사회복지 제도와 발전과정을 종횡으로 비
교해 봄으로써 통찰력이 길러지고, 나아가 현재와 미래의 사회복
지의 바람직한 방향을 모색할 수 있게 된다. 뿐만 아니라 국가마
다 사회경제적 특징이 다르듯, 사회복지 제도와 모델 역시 동일할
수 없다. 따라서 자국의 사회복지가 어떻게 변화 · 발전해 왔는지
를 이해하는 것은 토착적인 사회복지모델을 만드는 데 있어서 중
요한 자양분이다.

　　다만 주의할 점으로는 과거의 역사에 대한 연구결과가 오늘을
이해하는 데 도움이 된다고 하여 역사적 사실이라면 무조건 현실
문제에 바로 적용될 수 있다고 단정하는 것은 지양하여야 한다.
이는 과거라는 그 자체의 한계 때문인데, 가령 여러 사료가 유실
되거나 훼손되는 등 역사적 자료 보존의 문제가 있기 때문에 유의
하여야 한다. 또한 과거 현상에 대한 현대적 해석은 언제나 그 시
점의 관점과 이해관계에 따라 왜곡될 가능성이 높다는 점 역시 주
의하여야 한다.

2. 사회복지발달을 설명하는 이론

　　사회복지의 발달과정을 하나의 모델로 설명하는 것은 쉽지 않
다. 그 이유는 여러 가지로 설명될 수 있지만, 무엇보다 동서양의
발달과정을 공통적으로 설명할 수 있는 요인을 찾기 어렵다는 점

과 발달과정에 대한 충분한 연구가 이뤄지지 못했다는 점이 중요
한 이유다. 국가별로 구분되는 고유한 특징을 설명하는 것도 쉽지
않은데, 예를 들어 우리나라를 비롯한 대부분의 동아시아 국가의
경우 근대화 과정에서 영·미국과 일본의 직·간접적인 침해 혹
은 영향을 받았다는 점을 감안해 보면, 그러한 국가와 뚜렷하게
구분될 수 있는 모델을 수립하기란 쉽지 않다. 이는 에스핑 앤더
슨(Esping-Anderson, 1996) 및 박광준(2008)의 지적과 같이, 사회복
지발달을 설명하는 접근이 다분히 서구 중심적인 성격을 띠는 이
유로도 설명될 수 있다. 그럼에도 불구하고 사회복지발달을 설명
하려는 노력은 국내외 연구자를 통해 꾸준히 이어지고 있는데, 특
징적인 것은 새로운 이론을 만들어 설명했다기보다는 널리 알려
진 사회과학적 이론 혹은 개념을 활용하여 사회복지의 발달과정
을 구분하고자 시도했다는 점이다.

1) 시민권론

시민권 이론은 마셜(T. H. Marshall)이 제2차 세계대전 직후에 출
판한 논문에서 등장하였다. 시민권은 공민권, 정치권 그리고 사회
권으로 구성되는데, 공민권(civil right)은 개인의 자유와 법 앞에서
의 평등을 보장받은 권리를 뜻하고, 정치권(political right)은 참정
권을 의미한다. 마지막으로 사회권(social right)은 사회구성원으로
서 인간다운 생활을 누리고 온전한 지위를 갖는 것을 의미한다(라
메쉬 미쉬라, 1996: 50-52).

이와 같은 세 가지 권리는 동시에 등장한 것이 아니라 시민혁명을 전후로 봉건적 신분제 사회에서 시민사회로 변화되었던 18세기부터 20세기에 이르기까지 순차적으로 발달한 특징이 있다. 당시의 변화상을 살펴보면, 신분제 및 봉건적 질서에서 벗어나면서 대부분의 국가는 점차 '자유'의 가치를 가장 중요하게 간주하게 되었고 바로 이 시기에 공민권이 등장하였다. 즉, 시민혁명을 통해 획득하게 된 권력과 신분으로부터의 자유는 개인의 권리를 지키는 데 초점을 둔 것이며, 무엇보다 자유로운 경제생활과 사적 소유권의 보장에 무게 중심을 둔 것이었다. 따라서 이 시기는 본격적인 복지국가의 시대였다기보다는 국가와 제도에 의한 최소한의 개입을 표방하는 야경국가였다고 볼 수 있다.

정치권은 19세기에 발달했는데, 이 시기는 자본가 계급에 대항하기 위한 노동자 계급의 집합적인 노력이 노동조합을 토대로 드러나기 시작한 때다. 정치권을 갖게 되면서 노동자는 더 이상 '힘없는 노동자'가 아닌 선거제도 개혁을 통해 '투표권을 갖게 된 노동자'로서 변화된 지위를 얻게 되었다고 볼 수 있다. 이러한 변화는 사회복지역사에 있어서 민주주의에 기초한 시민권을 획득한 것으로 해석할 수 있으며, 비지배계급에 속하는 노동자집단의 욕구를 대변할 수 있는 정치권력을 확보함으로써 이를 통해 사회서비스가 제도화될 수 있는 기반이 마련된 것으로 볼 수 있다.

마지막으로 사회권은 20세기에 이르러 발달하게 되었는데, 인간다운 생활을 누릴 권리의 보장과 책임의 관점에서 국민과 국가 간의 새로운 관계 형성을 불러왔다. 특히 자본주의 시장경제와 산

2. 사회복지발달을 설명하는 이론   33

업화의 폐단으로 나타난 여러 불평등은 소극적 자유의 원리가 주
로 반영되었던 공민권을 다시 성찰하여 정치경제적 측면에서 정
의를 기초로 한 생존권의 중요성을 인식하게 하였다. 다시 말해,
사회권은 자유의 원리라고 볼 수 있는 공민권과 참정권으로서의
정치권이 융합되어 각각의 한계를 극복하기 위해 나타난 것으로
도 이해할 수 있다.

마셜의 시민권론은 봉건사회, 이른바 전 산업사회에서 시민사
회 내지 산업사회로 변화하는 과정에서 사회복지가 어떻게 발달
되었는지를 잘 설명할 수 있는 특징이 있다. 무엇보다 시장경제체
제가 보편적으로 자리 잡게 되면서 봉건적 공동체에 기초한 복지
로부터 공적 질서에 의한 복지로 어떻게 진화되었는지를 잘 설명
할 수 있는 이론이기도 한다.

2) 산업화 이론

산업화 이론은 복지제도의 형성과 발달에 있어서 산업화의 역
할을 강조한다. 기술혁신과 산업발달에 의해 모든 사회는 구조적
으로 닮아 가며, 결국 서로 유사한 복지정책을 펴게 된다는 점에
서 수렴이론적인 특성도 엿보인다. 시민권 이론이 권리와 정치적
가치 등의 과점에서 사회복지와 복지국가의 변화를 설명할 수 있
다면, 산업화 이론은 산업기술의 등장과 결과가 복지에 어떤 영향
을 미쳤는지를 잘 보여 준다. 이 이론이 주목받은 것은 1960년대
즈음이다. 당시에는 복지국가를 산업화의 결과물로 이해하는 시

각이 두드러졌는데, 산업사회의 발달과정에서 발생한 새로운 욕
구에 대한 대응방법의 일환으로 복지제도가 등장했다는 면이 강
조되었다. 커(Kerr)에 따르면, 산업화 이론의 특징은 다음과 같이
요약된다(고영복, 1996: 212~213).

① 산업화라는 개념은 자본주의의 또 다른 의미가 되며, 산업화
　는 세계적인 규모로 확산될 것이다.
② 동서양 체제는 수렴될 것이며, 생활수준의 향상으로 풍요로
　운 노동자가 등장한다.
③ 이러한 과정은 전통적인 지역사회나 확대가족의 붕괴를 촉
　진하고, 기존의 부양의 기능을 약화시키므로 체계적인 복지
　국가의 성립이 요청된다.

산업화 이론에 따르면 기술발전과 산업화는 봉건시대의 자영업
자를 임금고용자로 바꾸어 놓았고, 고용에 의한 노동의 대가인 임
금은 그들의 생계수단이 되었다고 한다. 즉, 산업화가 진행될수록
임금노동자의 규모는 확대되지만, 일하는 임금노동자와 그렇지
못한 사람 간의 구분 역시 점차 함께 나타나게 되고, 일하지 못하
는 사람이 맞는 실업의 위기는 생계수단의 단절로 이어지게 된다.
뿐만 아니라 생산수단과 기술이 확보된 자본가와 육체적 노동력
만을 가진 노동자 간의 격차는 전례 없는 불평등을 야기한다. 그
결과, 소득을 비롯한 제반 영역에서의 불평등, 산업재해, 노동자
집단의 사회적 배제를 비롯하여 환경오염 등과 같은 비복지적 문

제까지 발생하게 된다. 이에 대한 제도적 대응과정이 산업화 이론의 관점에서 사회복지제도가 발달한 원인이자 과정으로 설명되는 것이다.

산업화 이론은 다음의 두 가지 측면에서 복지국가의 등장과 발전과정을 설명한다. 첫째, 산업화로 인해 야기되는 새로운 사회문제의 등장과 그 해결과정에서 드러난 복지국가의 필요성이다. 둘째, 경제문제에 초점을 맞추어 시장논리만으로는 안정을 취할 수 없으므로 노동시장에 대한 국가의 정책적 개입이 필요하고, 나아가 새롭게 대두될 욕구에 대해 국가가 정책적인 대응을 하는 과정에서 복지국가가 등장했다는 관점이다. 이외에도 산업화를 통해 소득수준이 나아지지만, 그와 동시에 핵가족화, 고령화사회 등이 나타나게 되므로 사회보장 지출이 증가하게 되고, 이는 선진 자본주의 국가에서 공통적으로 드러날 것이라는 수렴이론적인 속성이 한층 더 강조된 논의도 활발하게 다뤄졌다(고영복, 1996; 감정기 외, 2008).

산업화 이론은 사회복지의 발달을 설명하는 중요한 도구로서 동서양을 막론하고 인정받는 추세다. 특히 산업혁명이 태동되었던 18세기 무렵부터 적극적 의미의 복지국가가 등장하게 되는 20세기 중반 무렵까지 사회복지발전을 설명할 수 있는 가장 뚜렷한 이론으로 평가된다(박광준, 2008: 44).

다만 산업화 이론은 복지국가의 등장과 발전을 지나치게 '산업화' 요인과 묶어 설명했다는 점에서 한계가 있다. 즉, 산업화로 인해 등장하는 많은 문제와 욕구는 국가의 복지 정책과 제도를 보완하는 요인은 틀림없겠지만, 실제 어떤 제도의 도입 여부에 대한

결정은 이러한 상황과 더불어 다른 여러 가지 요소에 의해 영향을
받기 때문에 산업화와 복지국가를 지나치게 단선적인 인과관계로
볼 수는 없다. 나아가 복지에 대한 욕구가 나타난다고 하여 복지
국가가 '꼭' '반드시' 도입된다고 하는 설명 역시 성급하게 단일
화하고 있다는 점에서 비판되는 부분이기도 하다.

3) 사회양심론

　사회양심론(social conscience theory)은 1950년대에 영국에서 주
목받은 이론으로서 대표적인 학자로는 히긴스(J. Higgins), 베이커
(John Baker) 등이 있다. '양심'이라는 단어에서 짐작할 수 있는 것
처럼 개인의 도덕성, 책임감 등에 초점을 둔 이론으로서, 이 이론
에서는 개인이 가지고 있는 타인에 대한 사랑, 의무감 등이 복지
제도를 발달시켜 간다고 본다. 대체로 사회문제에 대해 낙관적인
시각을 갖고 있으며 사회복지제도가 갖는 온정적인 면을 부각하
는 성격이 강하다.
　하지만 사회양심론은 사회복지의 이타적이고 자비적인 특성만
을 강조하였기 때문에 국가의 공적 역할 혹은 의무에 대한 정확한
이해를 하지 못했다는 문제가 드러난다. 더불어 국가와 국민의 권
리·의무관계에 기반한 사회복지제도의 당위성을 설명하는 데 한
계가 있다. 또한 사회복지제도의 등장과 변화에 영향을 미치는 것
은 비단 개인의 선한 양심뿐만 아니라 다양한 사회적 요인이 있음
에도 불구하고 이를 배제하였다는 문제점이 있다. 또한 개인과 집

2. 사회복지발달을 설명하는 이론   37

단의 도덕적 의무감과 책임감을 통해 문제가 해결될 수 있다고 보았기 때문에 국가별로 서로 다르게 변화해 온 복지제도의 발전과정을 제대로 파악하기 어려운 한계점이 있다.

4) 합리이론

합리이론(the rationality theory)은 어떤 형태의 사회이든 그것이 산업화되는 과정에서는 반드시 사회문제가 발생되는데, 합리적 인간이 고안해 낸 문제 해결방법이 축적되면서 사회복지가 만들어졌다고 본다. 인간의 합리적 사고와 논리성을 강조한 것인데, 산업화가 사회문제를 파생시키고 이에 따른 접근이 복지제도를 만들었다고 보는 점에서 산업화 이론과 유사한 특징이 있다. 그러나 산업화 이론과 구분되는 점은 인간의 합목적적 행동과 이성을 더욱 강조했다는 점이다. 다시 말해, 문제가 생기면 인간은 이를 해결하기 위해 어떻게든 노력하게 되고, 그 과정에서 해결방안이 마련되는 것이 바로 사회복지제도라는 것이다.

그러나 합리이론은 합리적인 인간을 과도하게 강조한 나머지, 이해 관계와 갈등 그리고 이익집단의 영향력 등이 바람직한 판단과 해결방안을 만들지 못하게 할 수 있다는 점을 간과했다. 뿐만 아니라 문제 해결방안에 대한 모든 구성원의 합의가 늘 일치할 수 있을 것이라는 왜곡된 생각을 야기할 수 있다. 나아가 사회문제가 왜 등장하였는지 그 원인에 대한 설명력이 떨어지는 한계점이 있다.

5) 음모이론

사회양심론이 인간의 선한 면을 주로 보았다면, 음모이론(the conspiracy theory)은 그 반대의 면을 더 강조한 것이다. 사회복지 제도와 정책은 인간의 양심 혹은 선한 동기와 합리적인 판단에서 도입된 것이 아니라 지배계층이 그들의 지배를 더욱 손쉽게 하고, 나아가 기존의 질서를 유지하기 위한 통제를 위해 만들어졌다고 본다.

가령 피븐과 클로워드(Piven & Cloward, 1971)는 대공황 이후의 미국의 사회복지역사를 연구한 결과에 따르면 지배계급은 대공황 과 같은 문제상황에서 빈민을 구제하기 위해 공적 사회복지제도 를 실시하는 것이며, 사회가 안정된 이후에는 공적 장치가 폐지되 거나 축소되는 것을 그 예로 들었다. 이를 두고 음모이론적인 관 점에서 사회복지는 지배계층의 권력 유지를 위한 수단으로 사용 되는 것이며, 무질서와 혼란을 방지하고 통제를 위한 억압책이 된 다고 설명한 바 있다.

음모이론은 마르크스 이론과 결합되면서 좀 더 확장되기도 하 였다. 오코너(O'Conner, 1973)는 정부의 사회복지제도 도입과 시행 이 시장의 법칙 혹은 산업화 등에 의해 결정되는 것이 아니라 계 급 또는 집단 간의 사회경제적 갈등에 의해 구조적으로 결정된다 고 보았다. 즉, 사회분열과 같은 문제를 막기 위한 자본주의자의 수단이자 노동자 계급을 와해시키고 그들을 지배하기 위한 도구 로서 사회복지를 본 것이다.

음모이론은 사회의 지배계층이 사회문제에 대해 **어떻게** 반응하는지, 권력관계 등과 같은 계급 질서에 의해 사회복지가 어떻게 달라지는지를 이해하는 데 비교적 용이하다. 그러나 숨은 의도(음모)만을 강조한 나머지, 그것 이외의 요인으로 인해 사회복지가 영향을 받을 수 있다는 점을 간파하지 못한 한계점이 있다. 가령 시민사회의 노력으로 사회복지가 변화된다거나 개별 유권자 혹은 유권자 집단이 정책 결정에 미칠 수 있는 영향과 그로 인한 복지의 변화를 설명하지 못하는 단점이 있다.

3. 사회복지역사의 시기 구분

사회복지역사가 어떻게 변화되어 왔는지를 설명하는 데는 다양한 방법과 이론이 존재한다. 물론 모든 국가의 사회복지발달사가 동일한 궤적으로 설명될 수는 없겠지만, 전술한 사회복지의 개념과 목적에 비추어 개인과 사회의 안녕을 위한 노력과 제도가 어떻게 성립되어 왔는지를 중심으로 살펴본다면 결국 개인적 접근에서 제도적 차원으로 전개되어 왔다고 볼 수 있다. 국가와 사회별로 약간의 차이는 있으나 대체로 근대화 이전에는 가족, 교회, 지역사회와 같은 체제가 인간과 집단의 안녕이라는 사회복지의 목적 달성에 좀 더 적극적으로 활용되었다. 상대적으로 제도적 노력을 통한 국가적 대응은 20세기 이후에 국민의 생존권에 대한 인식과 책임이 확대되면서 나타난 것이다.

1) 동기와 이념에 의한 구분

관점과 기준에 따라 조금씩 차이가 있겠지만, 사회복지역사가 변화되어 온 과정은 해당 시기별 발달과정에 내재된 동기가 무엇인가에 따라 상부상조, 자선사업, 박애사업, 공적 구제기, 국가 책임기로 구분해 볼 수 있다. 상부상조 시기는 신분제가 나타나기 이전의 고대시대로 볼 수 있으며, 공동체의 존속과 안녕을 위해 서로 돕는 특징이 있다. 자선사업과 박애사업의 시기는 교리에 중심을 둔 종교적 동기에 의해 다양한 구제활동이 전개되었던 특징이 있다. 한편 공적 구제기는 국가가 복지에 대해 제도적인 개입을 시도한 시기를 의미하는데, 대체로 중세 후반에서 산업화 이전까지의 시기가 이에 해당한다. 다만 빈곤과 빈민에 공적 구제제도를 만드는 등 국가의 개입은 있었으나 사회복지의 가치실현 혹은 국민의 인간다운 삶에 대한 권리의 시각에서 접근했다고 보기는 어렵다.

〈표 2-1〉 사회복지역사의 시기별 동기와 이념

시 기	동 기	특 징	이 념
상부상조	공존적 동기	공동연대를 기초로 한 상부상조	상호부조
자선사업	종교적 동기	수직적 시혜관계	자선, 동정
박애사업	도덕적 동기	수평적 시혜관계	인도주의
공적 구제기	사회적 동기	열등처우	사회악 제거
국가 책임기	제도적 동기	조세를 기본으로 하는 사회보장	기본권 이념

출처: 최명순(1994: 92).

현대적 관점에서 복지국가로 칭할 수 있는 시기는 국가 책임기 이후에 해당한다고 볼 수 있다. 대체로 20세기 초반 이후에 해당하는데, 조세 등이 사회복지의 재원이 되고 국민의 기본권에 대한 뚜렷한 권리의식이 자리 잡으면서 사회서비스와 같은 제도가 발달하였다.

2) 플러그와 크비스트의 4단계론

플러그와 크비스트(Ploug & Kvist, 1996)의 4단계론은 사회보장에 초점을 두고 사회복지역사의 전개과정을 설명한 것이다. 이들은 유럽을 대상으로 연구하면서 복지국가는 아직 완결되지 않았으며, 각 국가는 〈표 2-2〉와 같은 과정을 거쳐 지금에 이르고 있다고 구분하였다(노병일, 2001). 아울러 4단계 이후 지금까지 복지국가는 다양한 변화를 거듭하고 있으며, 국가별로 공통된다기보다는 각기 다른 양상을 보인다고 설명한 바 있다. 단계별 특징은 〈표 2-2〉와 같다.

〈표 2-2〉 4단계론으로 본 복지국가의 발전 특징

단계	시기	특징
1	1883년 이전	• 산업자, 노동자 등과 같은 새로운 집단의 등장 • 생산환경이 변하 경험
2	1883~ 1914년	• 사회법의 제정 • 최초 사회보험 도입(독일) • 국가의 복지책임론 대두

		• 전통적인 구빈에서 산업사회 노동자와 빈곤문제로의 관심 변화 • Top-down 방식의 정책
3	1914~ 1945년	• 사회보장 인구층의 확대 • 아래로부터의 정책 • 선거권의 확대 • 사회안전망의 확충
4	1945~ 1975년	• 사회서비스가 사회보장에 포함되기 시작 • 국가 개입의 확대

3) 앨버의 5단계론

앨버(Alber)는 복지국가의 발전과정을 5단계로 설명하였다. 첫 번째 단계는 '역사 이전 단계'로서, 1880년 이전까지의 시기이며 주로 빈민 억압과 통제의 특징이 나타난다. 두 번째 단계는 '이륙 단계'로서 노동자를 체제 내에 통합할 목적으로 사회보험이 등장한 시기이며, 1880년부터 1914년까지를 의미한다. 세 번째 단계는 '확장단계'로서, 시민권의 일환으로 사회서비스가 복지영역으로 포함되는 시기인데, 제1차 세계대전이 끝난 1918년부터 1960년까지다. 네 번째 '가속단계'는 삶의 질 향상을 주 목적으로 하는 특징이 있었고, 1960년부터 1975년이 여기에 해당한다. 마지막으로 '침체단계'의 경우 국가, 민간, 개인 모두가 복지를 어떻게 책임져야 하는지, 이른바 역할 구분에 의한 복지혼합론에 대한 관심이 증가한 시기인데, 이는 석유파동을 겪은 1975년 이후 지금까지를 의미한다(노병일, 2001: 90-91).

이 장의 요약

1. 역사는 과거의 경험을 통해 오늘을 반성하고 미래를 예측할 수 있는 판단의 준거가 된다. 시대적 관점에서 사회복지가 어떻게 변화되어 왔는지, 또한 그러한 변화를 야기한 원인은 무엇인지에 대해 정확히 이해하는 것은 지금의 복지를 설명하는 데 유용하다.

2. 시민권 이론은 시민의 자유와 정치참여의 권리 그리고 인간다운 삶에 대한 기본권의 발달과정에 따라 사회복지역사를 설명한다. 산업화 이론은 산업화가 파생한 제반 문제에 대해 사회복지가 어떻게 제도적으로 대응하면서 변화되었는지를 지적한다. 사회양심론은 개인이 가지고 있는 타인에 대한 사랑, 의무감 등이 복지제도를 발달시켜 간다고 보았다. 합리이론은 인간의 합리적 이성과 선택에 초점을 두어 사회가 만들어 내는 합리적 문제 해결방법이 축적되면서 사회복지가 만들어진다고 강조한다. 음모이론은 지배계층의 지배수단이자 기존의 질서를 유지하기 위한 통제의 목적으로 사회복지가 발달되었다고 바라본다.

3. 사회복지의 발달과정은 학자와 관점에 따라 여러 단계로 구분되어 설명된다. 시기 구분 기준과 방법은 다르지만 적극적인 국가 책임은 대체로 20세기 초반 이후라고 여겨지고 있다.

제3장

고대사회와 복지

사회복지의 개념에서 설명한 것처럼 사회복지는 개인에서 사회에 이르는 모두의 안녕을 위한 총체적인 노력을 의미하며, 우선순위와 접근방법에 대한 입장의 차이는 존재하지만 범국가적 개입을 필요로 한다. 이러한 면에서 보면 과연 사회복지가 언제부터 존재하였으며, 그 연원이 무엇인지 살펴보는 일은 결국 본격적인 국가개입이 시작되기 이전의 시대에서 개인과 사회의 안녕을 위한 노력이 어떤 방식으로 전개되었는지를 이해하는 것과 맞닿아 있다.

사회복지 여명기에 개인의 어려움 혹은 다양한 사회문제에 대한 해결은 대체로 개인과 집단의 선한 동기에 의지하였다. 고대사회로부터 형성된 가족 중심 체계는 가족구성원의 공동 노동에서 나온 생산물을 서로 공유하게 만들었고 각종 위험을 가족 공동체가 함께 책임지게 하는 데 큰 역할을 하였다. 사회복지에 대한 국가 차원의 인식 혹은 제도적 개입이 실시되기 이전의 고대사회는

서로 돕는 호혜성의 원리가 공동체를 중심으로 복지의 자리를 대
신했던 것이다. 이러한 모습은 개별 구성원이 서로 힘을 모아 생
활을 유지하는 관행으로 연결되었고, 오늘날까지 상부상조와 자
선 혹은 자비의 모습으로 남아 있다.

1. 이타주의와 상부상조

동서양을 막론하고 거의 모든 국가체계에서 이타주의(Altruism)
와 상부상조의 역사는 공통적으로 나타난다. 철학적 관점에서 이
타주의란 인간의 본성을 선한 것으로 보아 개인 행동의 목적이 타
인의 이익을 위하는 것이라고 이해하는 입장이다. 따라서 복지국
가 이전의 시대를 설명할 수 있는 주요한 특징 가운데 하나로 말
할 수 있으며, 대체로 개인의 행복과 사회 유기체 전체의 공익을
함께 추구하는 것으로 볼 수 있다. 이는 공동생산과 공동소비의
생활 형태를 유지하였던 초기 인류사회의 전형적인 모습이다. 이
타주의는 사회구성원이 자발적으로 서로 돕는 활동, 즉 상부상조
의 생활문화를 어떻게 유지해 왔는지 이해하는 데 유용하다.

언제부터 상부상조가 출현하였는지 정확히 제시하기란 어렵지
만, 상부상조 전통은 인간사회를 성장, 발전시키는 핵심요인으로
자리 잡았으며, 상부상조에 기반한 사회체제는 산업과 과학의 진
보를 함께 이끌어 내는 데 기여하였다(Kropotkin, 1914: 296). 또한
상호 호혜적 이타주의와 상부상조는 대부분의 문화권에 존재하

며, 이는 위험과 빈곤 그리고 질병에 대해 서로 돕고 노약자를 보호하는 것에서부터 사회체계 내·외부를 통한 각종 지식과 정보 공유까지 이르는 모습으로 역사 속에 나타나 있다(Trivers, 1971).

가장 대표적인 상부상조의 원형은 가족에서 찾을 수 있다. 동서양을 막론하고 가족은 고대로부터 지금까지 생산과 소비의 주체였고, 구성원의 복지를 함께 책임져 왔다. 물론 전통 사회에서 가족의 상부상조가 담당한 복지 기능과 오늘날의 가족의 모습과는 사뭇 다르지만 여전히 상부상조의 기초단위로 인식되고 있다.

근대사회로 넘어오면서 자원봉사 등과 같은 상부상조 활동이 활발해졌고, 가족 이외에 자신의 상황과 이해관계에 의해 만들어지게 되는 다양한 집단의 구성원 간의 호혜적인 활동이 증가하였다. 가령 사회적 소수자 모임, 각종 중독 문제를 겪는 사람들의 자조모임 등에서 서로의 문제를 해결하는 데 조력하고 도움을 주는 것을 들 수 있다.

이타주의와 상부상조가 제도적인 모습으로 등장한 흔적은 동서양 역사 모두에서 방대하게 존재하는데, 서구의 경우 협회(콜레기아, Collegia)와 길드(Guild)에서 그 기원을 엿볼 수 있으며 동양, 특히 한국의 경우 품앗이, 두레 등이 대표적이다. 협회와 길드가 형성된 것은 절대적 왕권국가였던 고대 이집트로 거슬러 올라간다. 당시 시민과 농민은 위계적이고 엄격하게 규제된 직업별 단체로 조직되어 있었는데, 프톨레마이오스 왕조 이후에 등장한 제의(祭儀) 단체와 소금·석고 상인 조직과 같은 직업단체가 길드의 시작이었다.

중세 로마시대 때 본격적인 협회의 등장으로 조직 중심의 상부

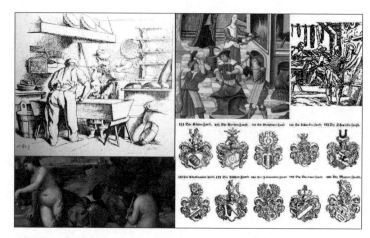

[그림 3-1] 길드 활동을 추측할 수 있는 고대 벽화와 문양

출처: 구글이미지(http://www.google.co.kr)

상조가 더욱 확대되었는데, 아프리카와 이집트에서 곡물을 수송
해 오는 해운업자, 제빵업자 및 정육업자 단체 등이 널리 활동하
였다(최병조, 1997). 이러한 협회는 오늘날 비영리법인의 모태라고
도 볼 수 있을 뿐만 아니라, 회원제 상부상조 운영체제를 기반으
로 회원의 각종 경조사를 대비하기 위한 기금마련과 부조 활동은
오늘날의 사회보험 기능의 뿌리가 되었다고 볼 수 있다.

2. 자선과 자비

자선은 인류가 등장한 이래 지금까지 내려오고 있는 사회복지
의 한 방법이다. 물론 주는 자와 받는 자 간의 지위 차이가 엄격하

였고 뚜렷한 권리의식에 기반했다기보다는 상당히 종교적인 관점에서 비롯된 것이었지만, 고대로부터 중세에 이르기까지 자선과 박애는 공동체의 유지와 공공복지 활동의 중요한 구심점이었다.

서양의 기독교는 자선이나 박애의 실천과 밀접하게 연관되어 있었다. 이웃을 돕고 사랑하라는 성경의 가르침을 실천하는 방법이기도 했는데, 가령 초대 교회의 자발적인 구호활동은 각각의 성도가 정기적으로 기부를 하거나 빈자를 위한 모금함에 기부를 하는 것이었다. 여기에 더하여 빵과 포도주를 가난한 사람들에게 나누어 주기도 한 활동이 기독교적 구호와 자선의 시작이라고 볼 수 있다(최무열, 2012). 고대 교회의 기독교인에게 있어서 자선은 이웃사랑의 실천이기도 했지만, 기독교를 믿지 않은 이방인에게 기독교를 알리는 수단이기도 했다. 일상생활에서 자선을 실천했을 뿐만 아니라 보다 적극적인 활동을 위해 시설을 만들거나 자선단체를 만들기도 했다. 가령 카에사레아의 성직자인 바실리우스(Basilius)는 368년에 카파도키아 지역을 휩쓴 재난의 피해자를 돕는 데 매진하였다. 카이사리아에서 어린이와 노인에게 먹을 것을 주고 가난한 사람들을 돌보던 바실리우스는 372년에 카이사리아의 외곽지역에 자선활동을 할 수 있는 복합건물인 '바실리아스'를 세웠다. 이 지역은 바실리우스가 주교로 재임할 당시에 발렌스 황제가 카이사리아를 처음 방문하여 기증한 곳으로, 여기에 바실리아스를 설립하여 가난한 이들을 위한 숙소이자 아픈 사람들을 치료하는 병원의 역할을 하였다(하성수, 2011: 72). 이는 오늘날 사회복지시설의 기원으로 추측되고 있다.

기독교 사상에 기초한 자선활동은 고대 서양사회의 특징이다.
하르나크(Adlof von Harnack)는 1~3세기의 기독교인의 자선활동
을 10개로 나뉘어 제시한 바 있다.

① 일반적인 자선활동
② 기독교인 교사와 사역을 맡은 자에게 주던 도움
③ 고아와 과부에 대한 도움
④ 병자, 약자, 가난한 자와 일할 수 없는 자에 대한 도움
⑤ 죄수들과 광산에 복역 중이던 자에 대한 관심
⑥ 가난한 자의 장례에 기울이던 관심
⑦ 노예를 위한 도움
⑧ 대재앙 때 행해지던 자선활동
⑨ 공동체 안에서의 노동의 권리
⑩ 여행하던 형제들과 위협받던 공동체를 위한 관심(남성현,
   2009: 304).

고대에서 중세로 진입하게 되면서 자선과 박애를 목적으로 하
던 활동이 활발하게 전개됨에 따라 그 방법과 대상에 대한 고민도
싹트기 시작했다. 이는 훗날 도움을 받을 자격이 있는 사람과 그
렇지 못한 사람을 구분하는 기준을 만드는 데 영향을 미쳤고, 어
떻게 하면 가장 효율적으로 도움을 줄 것인지에 대한 논의, 즉 사
회복지의 효과성, 능률성과 같은 논의의 단초가 되기도 하였다.
기독교적 전통에 의한 자선이나 박애가 고대 서양을 대표하는

사회복지의 연원으로 본다면, 동양 특히 우리나라를 비롯한 중국, 일본, 인도 등의 경우 불교에 기초한 활동에서 복지의 연원을 엿볼 수 있다. 아시아 각국에 영향을 미친 불교적 가치는 일체 중생을 편안케 하리라는 부처의 가르침에 기초하고 있으며, 여러 구제활동이 지금까지도 이어져 오고 있다.

기원전 5세기경 부처가 출현하면서 인도에서 시작된 불교는 연기설과 팔정도를 중심 교리로 한다. 그 가운데 팔정도(八正道)는 바른 견해, 바른 결의, 바른 습관, 바른 행위, 바른 생활, 바른 노력, 바른 상념, 바른 명상을 의미한다. 팔정도가 담고 있는 의미는 불교적 자비 실천의 근거가 된다. 『법구경』에 '자신이 착한 일을 했다고 느껴지거든 선행을 지속하고 되풀이하라. 선행의 순간 속에 깃든 기쁨을 누리라. 훗날 그것의 결실 또한 더 큰 기쁨이니라.'(덕현, 2010)라고 쓰였듯이, 팔정도에 의한 자비의 중요성이 강조된 것을 알 수 있다.

우리나라 고대 역사에서도 불교가 주축이 된 자선 내지 자비 활동을 많이 찾아볼 수 있다. 가령 신라시대 원광법사가 제창한 세속오계를 계명으로 삼은 화랑은 당시 구제활동의 주축이 되었다. 또한 불교적 차원의 자선과 자비는 사회에 대한 비판으로도 이어졌는데, 의상대사는 당시 신라의 엄격한 골품제도를 비판하며 신분의 평등을 주장한 바 있다. 고려시대는 불교의 자비정신이 구빈정책의 이념적 바탕이 되기도 했는데, 고려 태조가 쓴 훈요십조를 바탕으로 후대 왕들은 불교의 자비심에 입각하여 구빈과 시료, 고아와 노인보호사업을 펼쳐 갔다.

FOCUS

훈요십조 속 복지의 모습

(제7조) ······백성을 부리되 농사철을 피하고, 요역을 가볍게 매기며, 농사짓는 일의 어려움을 알아야 한다. 어진 정치를 하되 상벌을 도리에 맞게 하면 음양이 순조로울 것이다.

뿐만 아니라 조선 후기 조재삼(趙在三: 1808~1866)이 쓴 오늘날의 백과사전격인 『송남잡지(松南雜識)』의 실옥류 편에는 신라시대 때 건조된 것으로 알려진 남석교(南石橋)의 예가 나와 있는데, 남석교의 건축에 불교계가 앞장섰으며 이는 불교의 중요한 가르침인 팔복전[1]을 실천하는 예라고 설명되어 있다. 이처럼 우리 역사 곳곳에서 불교의 자비 사상에 의한 사회복지의 원형을 많이 찾아볼 수 있다.

자선과 자비는 개인적인 차원에서도 이뤄졌지만 동서양을 대표하는 기독교 및 불교가 표방하는 가치와 결합되면서 고대 사회복지의 주축을 이뤘다. 사실 모든 종교는 사회변화에 따라 다양한 사회참여를 해 오고 있고, 사회문제 해결과 예방에 적극적인 면을

---

1) 팔복전(八福田): ① 공경 · 공양하거나 자비를 베풀어 복을 심는 여덟 가지 밭(대상)을 의미함. 즉, 부처 · 성인(聖人) · 스님 · 화상(和尙) · 아사리(阿闍梨) · 아버지 · 어머니 · 병든 사람이 해당. ② 복 받을 원인이 되는 여덟 가지의 좋은 일. 즉, 길가에 우물을 파는 일, 물가에 다리를 놓는 일, 험한 길을 닦는 일, 부모에게 효도하는 일, 삼보(三寶)를 공경하는 일, 병자를 구원하는 일, 가난한 사람에게 밥을 주는 일, 누구에게나 공양하고 보시하는 큰 법회를 베푸는 일을 말함.

[그림 3-2] 송남잡지 표지 및 내용

출처: http://www.silhakmuseum.or.kr/wp-content/uploads/sites/9/2013/10/PIC826B.jpg

보인다. 서로 다른 종교일지라도 대체로 어려움을 겪고 있는 이웃을 돕는 것과 같은 휴머니즘을 강조하고 있다는 점에서 각 종교는 자신의 종교적 신념을 실현하는 차원에서라도 사회복지의 원형에 해당하는 구제활동에 적극적으로 앞장선 것을 알 수 있다.

이 장의 요약

1. 국가 개입이 이뤄지기 전이던 고대 역사에서도 사회복지의 원형에 해당하는 예를 찾아볼 수 있다. 개인의 선한 동기에서 비롯되는 도움과 나눔, 공동체의 상부상조 등이 오늘날 사회복지 제도와 정책의 역할을 대신해 주었고, 이는 고대로부터 지금까지 전승되고 있다. 또한 국가와 사회별로 약간의 차이는 있으나 종교와 그 밖의 공동체 활동들도 사회복지제도 이전의 문제를 해결하는 데 활용되었다.

2. 종교는 사회복지 전반에 여러 가지 영향을 미쳤다. 근·현대사뿐만 아니라 고대 역사에서도 기독교와 불교 등 동서양의 대표적인 종교들은 종교적 가치와 교리의 실천 차원에서 사회복지활동에 적극적으로 앞장섰음을 알 수 있다.

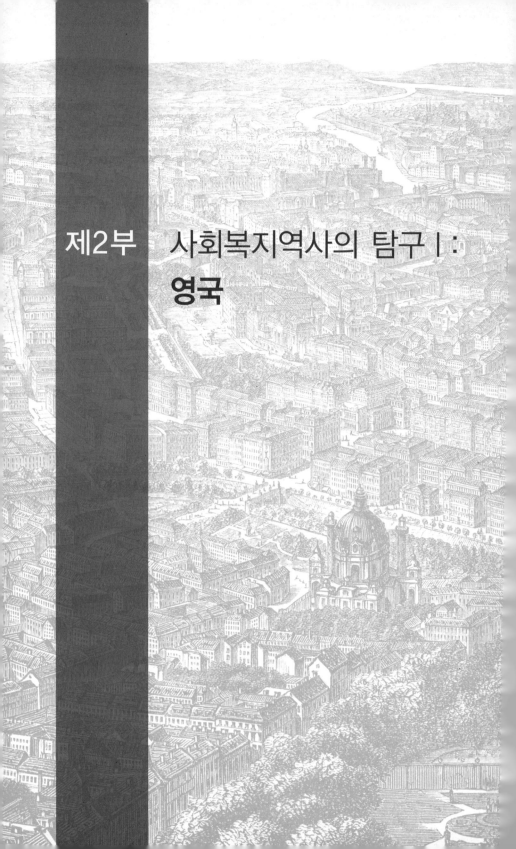

제2부　사회복지역사의 탐구Ⅰ:
영국

2

제4장

구빈법 역사의 흥망성쇠:
등장에서 소멸까지

　사회복지역사를 다루는 여러 서적은 대체로 영국을 중심으로
하여 1600년대 이후의 공공복지제도를 다루고 있다. 그러나 사회
복지에 대한 국가 개입을 기준으로 보면 중세 시기부터 제도적 접
근이 이뤄졌던 것을 알 수 있다. 동서양을 구분할 때 기준점이 다
를 수 있지만 유럽 역사에서 중세는 서로마 제국이 멸망하고 게르
만 민족의 대이동이 있었던 5세기부터 1500년대까지를 의미한다.
이때부터 공공복지에 대한 제도적 개입이 태동했는데 그 중심에
는 영국이 자리한다. 영국의 사회복지역사에서 나타났던 역사적
사건은 직·간접적으로 독일, 프랑스, 미국 등 여러 국가에 영향
을 미치면서 변화해 왔음을 알 수 있다. 따라서 이 장에서는 중세
에서 근대에 이르는 사회복지역사를 영국을 중심으로 살펴보고
자 한다.

1. 중세의 사회복지

중세는 거의 천여 년에 가까운 긴 시간이다. 이 시기 동안에 로마제국의 해체, 기독교의 정치적 세력화, 르네상스 문화의 태동 등 수많은 일이 일어났다. 무엇보다도 13세기에 이르러 길드, 조합 등의 다양한 공동체가 체계화되었고, 시의회·수도회 등을 중심으로 한 회의체 기구 역시 활발하게 활동한 것을 알 수 있다. 뿐만 아니라 로마 가톨릭 교회는 종교, 사회, 정치 등 모든 분야에 걸쳐 영향력을 발휘하였다. 중세 교회는 사회복지 분야의 주된 서비스 제공자였다. 빈곤, 기아, 질병, 장애 등과 같은 문제는 정부 혹은 정치 영역의 관심사였다기보다 교회의 의무와 활동 범위에 속하였다. 빈민에 대한 구제는 본당(parish)[1]을 중심으로 전개되었는데, 가난한 이들에게 먹을 것과 의복을 제공하였다. 즉, 중세의 주된 복지는 교회의 자선 및 구호활동과 연결되어 있었다.

오늘날과 달리 국가는 빈민구제 내지 사회복지의 책임을 인식하지 못했기 때문에 빈곤은 국가 정책의 대상이 되지 못했으며, 오히려 빈민은 '일하지 않는 무능력한 자'로 취급되기 일쑤였다. 빈곤에 대한 이와 같은 가치관은 그들에게 가해지는 억압을 합리화하였고 국가 개입의 여지조차 두지 않게 하였다(박광준, 2008:

---

1) 박병현(2010: 48)에 따르면 영국 교회의 행정구역은 관구(province), 교구(dioces), 본당(parish)으로 각각 구분된다. 따라서 parish는 교구의 기초조직으로서 마을(지역)에 신부가 상주하는 성당이 있는 최소한의 단위인 본당에 해당한다.

63-65).

한편 중세는 영주와 농민 간의 가부장적 관계라고 말할 수 있는
봉건제가 중심이 되었던 시기였으므로, 교회와 더불어 봉건 영주
역시 그들이 지배하는 지역인 장원(manorial estate)의 농노가 겪는
궁핍과 같은 문제를 다뤄 왔다. 즉, 농노의 노동의 대가가 곧 영주
의 재화로 축적되는 구조였기 때문에 영주는 '돌봄'의 형태로 최
소한의 보호를 그들에게 제공한 것이다.

장원의 이해

중세 영국, 나아가 영국 복지 변화 과정을 이해하기 위해서는 장원
의 구조를 정확히 이해할 필요가 있다. 장원은 넓게는 수천 에이커에
이르는 대규모의 농경지였는데, 1에이커가 약 1,220평(약 4,033m^2)
에 이르는 것을 감안한다면 그 규모가 짐작된다.

장원은 단순히 토지 이상의 의미가 있었다. 장원은 세속적 영주 혹
은 종교적 영주가 소유하였지만, 이때 소유라는 것은 토지라는 재산만
을 의미하는 것이 아니었다. 오히려 장원은 사회, 정치적 행위의 장이
었는데, 장원의 영주는 땅의 주인인 동시에, 자신의 토지에 예속된 농
민의 보호자였고 나아가 이들에 대한 사법적 권한까지 수행할 수 있었
다. 즉, 장원을 차지한 봉건귀족은 그들의 장원 안에 살고 있는 농민이
노예가 아니었음에도 불구하고, 자신들의 가옥, 가축과 다름없는 재산
으로 취급하였다. 심지어 자신의 땅을 소유한 자유농민이었더라도 그
땅을 봉건영주에게 팔 수 없었기 때문에 사실상 자유농민의 의미는 자

신의 땅에서 쫓겨나는 일이 없다는 것을 보증하는 데 그치는 것이었다. 장원에서 경작된 작물의 그 절반 이상이 영주에게 바쳐졌는데, 자유농 민보다 낮은 신분의 사람들은 장원 영주의 땅에 예속되어 거주이전의 자유가 허락되지 않은 채 살아갈 수밖에 없었다. 또한 중세 후기에 이 르러서는 작물뿐만 아니라, 사망세, 결혼 수수료, 영주의 방앗간 사용 비용 등을 화폐지대로 바치게 됨에 따라 경제적 예속 관계가 더욱 깊어 졌다(Heilbroner & Milberg, 2011).

출처: http://ndominguez7841.edublogs.org/2012/10/18/manorial-system

장원의 구조

봉건제에 의한 영주의 보호와 교회의 자선활동으로 전개되었던 중세의 사회복지는 당시 전 유럽을 휩쓸었던 흑사병(페스트)의 출 현과 함께 대대적인 변화를 맞게 된다. 흑사병은 1340년대 후반 유럽에서 발생한 것으로 약 2천 5백만 명의 희생자가 발생했으며, 그 규모가 전체 유럽 인구의 1/3에 달하였다.

흑사병(페스트, 黑死病: Black Death)

14세기 중기 전 유럽에 대유행한 질병이다. 원래는 야생의 설치류 (齧齒類: 다람쥐 · 쥐 · 비버 등)가 걸리는 돌림병인데, 사람에 대한 감염원이 된 것은 보통 밭다람쥐 · 스텝마못 등으로부터 벼룩이 감염시킨 시궁쥐(집쥐) · 곰쥐 등에 의해서다.

1347년 킵차크 부대에 의해 아시아 내륙의 페스트가 유럽에 전파된 이후, 유럽은 수년에 걸쳐 대규모의 피해를 보게 된다. 죽음의 병이라 불렀던 흑사병으로 인해 당시의 유럽 인구가 1/5로 줄어들었으며, 백년전쟁이 중단되기도 했다.

대규모의 인구 손실은 노동력의 손실로 이어졌고, 이는 유럽 경제의 기반을 이루고 있던 장원제도와 봉건제도를 뒤흔들었다. 또한 죽음에 대한 공포와 흑사병을 고치기 위한 노력은 사람들로 하여금 미신에 지나치게 의존하게 하기도 하였다.

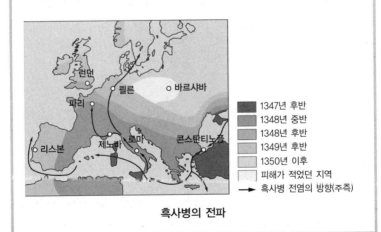

흑사병의 전파

대재앙과도 다름없었던 흑사병은 결과적으로 노동인구의 부족 현상까지 초래하였다. 이로 인해 노동자는 좀 더 높은 임금을 주는 곳을 찾아 자주 이동하였고, 일시적인 임금상승 현상까지 나타나게 되었다(Kirst-Ashman, 2010: 146).

그럼에도 불구하고 이러한 시대 상황이 노동과 빈민에 대한 인식의 전환을 가져오는 데는 역부족이었다. 오히려 국가에 의한 강압적 규제로 귀결되어 1349년, 영국 왕 에드워드 3세는 무차별적인 자선과 실업을 금지하고 임금상한선을 규제하기 위한 목적으로 '노동자조례(Ordinance of Labourers)'를 공포하였다. 이 법은 노동능력을 가진 자에 대한 엄격한 통제와 더불어 임금 조정을 주요 내용으로 하고 있다. 당시 노동자조례에서 규제한 내용을 간략히 살펴보면 다음과 같다(De Schweinitz, 1961).

① 60세 이하의 모든 사람은 원칙적으로 일을 하여야 한다.
② 고용주는 불필요한 노동인력을 고용할 수 없다.
③ 노동자는 과거 수준에 비해 높은 임금을 받을 수 없다.

이 법을 시작으로 일련의 빈민통제제도가 만들어졌지만 효과는 미미하였고 부랑인 및 빈곤의 문제는 해결되지 못하였다. 오히려 후속 조치는 국가로부터 구제를 받을 수 있는 대상과 조건만을 점차 더 엄격하게 제한하는 방향으로 수정되었고, 이러한 규정을 따르지 않는 자에 대한 가혹한 처벌 역시 강화되었다.

말하자면 중세 영국 복지의 역사는 초기 교회가 주축이었던 자

선과 구호로 시작하였으나 흑사병 등과 같은 일련의 현상으로 인
해 점차 국가가 개입하여야 하는 대상으로 부상하게 된 것이다.
물론 당시의 국가 개입 내지 책임의 의미는 오늘날 국민의 권리와
국가의 의무라는 측면에서 해석될 수 있는 특징과는 거리가 멀다.
그럼에도 불구하고 빈민에 대한 접근이 국가를 통해 이뤄져야 할
필요성이 등장했다는 점은 후일 등장하게 되는 본격적인 구빈제
도를 견인했다는 점에서 중요한 의미가 있다.

2. 국가 개입의 시작: 엘리자베스구빈법의 등장과 의미

영국의 엘리자베스구빈법(1601년)은 빈곤 구제에 대한 국가(지
방정부)의 책임을 처음으로 명시했다는 점에서 종전에 산발적이었
던 구빈법을 집대성한 최초의 법이자 복지국가를 향한 국가 개입
의 전조로서 평가된다. 빈곤과 빈민에 대해 정부가 대응하게 된
이유는 거듭되는 흉작과 중상주의 시대의 국가의 부와 연관된 귀
금속의 대량 유입으로 인해 극심한 인플레이션이 발생하여 부랑
자가 증가했기 때문이다. 이를 계기로 정부는 실업의 원인이 부랑
자의 게으름뿐만이 아니라는 사실을 점차 인식하게 되었다. 이전
까지의 구빈책임은 주로 교회가 감당해 왔지만, 이 법 이후 그 책
임은 교회가 아닌 정부(지방정부)에게로 넘어오게 된 것이다. 그리
하여 지방기금과 지방관리에 의한 구빈행정의 원칙을 세웠고, 주

FOCUS

엘리자베스 1세

튜더 왕조의 5대 여왕이자 헨리 8세의 딸이다. 언니 메리 1세의 사후 1559년 여왕에 취임하였는데, 재임 기간 동안 왕권 강화와 민심장악에 주력하였다.

후대가 없었던 엘리자베스 1세는 1603년에 사망하였는데, 그 이후 스코틀랜드의 왕 제임스 6세(언니인 메리 스튜어트의 아들)가 영국 왕위를 계승하게 되어 스튜어트 왕조가 시작되었다.

출처: http://ko.wikipedia.org/
wiki/%EC%97%98%EB%A6%AC
%EC%9E%90%EB%B2%A0%
EC%8A%A4_1%EC%84%B8

민의 구빈세를 재원으로 사용하게 되었다. 이 법은 노동능력의 유무에 따라 빈민을 노동능력자, 노동무능력자, 빈곤아동 등 세 가지로 분류하여 노동능력자에게는 작업장에서 강제노역을 시키면서 자선 및 이주를 금지하거나 제한하였다. 노동무능력자에게는 최저한의 구제를 제공하였는데, 거주할 집이 있으면 원외구호를 병행하였다. 그리고 빈곤에 대한 가족책임을 최우선으로 삼았기 때문에 보호할 가족이 있는 경우에는 구제의 대상에서 제외하였고, 빈곤아동은 도제로 삼는다는 방침을 세웠다.

「엘리자베스구빈법」은 빈민을 분류하여 노동력을 조직적으로 활용함으로써 생산력 향상과 관리의 편의를 도모하고자 했다. 그러나 빈곤아동은 노예에 가까운 비참한 대우를 받았으며, 무보수의 구빈감독관은 불성실하거나 부패가 만연하였다. 또한 빈민을 구제할 능력이 있는 교구는 극소수였을 뿐만 아니라, 지방정부의 재정 능력 및 실천의지가 부족한 점 역시 이 법이 제대로 실현되지 못하게 한 주요한 요인이었다. 심지어 교구의 주민이 구빈비용을 부담하게 됨에 따라 자신의 지역에서 빈민 부양자가 늘어나는 것을 기피하게 되었고, 빈곤한 사람들 간의 결혼을 가능한 한 억제했던 나머지, 다수의 사생아가 발생하는 문제도 야기되었다. 이 법은 인간다운 생활에 대한 권리보다는 빈민 통제에 목적이 있었다고 할 수 있으며, 지금까지도 억압적이고 잔여적인 모형의 전형으로 남아 있다.

3. 통제와 선별에 따른 구빈제도의 전개

「엘리자베스구빈법」을 계기로 국가가 빈민구제를 관장하는 외형은 갖추게 되었지만, 빈민에 대한 인식과 처우는 조금도 나아진 것이 없었다. 오히려 통제와 선별이라는 기준이 보강되면서 빈민법은 더욱 가혹하게 수정되어 갔다. 「엘리자베스구빈법」 이후 1700년대 초반 무렵까지는 억압적 구빈제도가 강조된 시기였는데, 당시 1662년 「구빈법」(「정주법」)과 1722년 「작업장법」이 대표적이다.

1) 빈민 이동의 금지: 1662년 「구빈법」

빈민의 노동능력을 철저히 평가하여 구제를 실시하려던 「엘리자베스구빈법」의 취지와 달리 그 분류는 엄격하게 지켜지지 않았다. 결국 빈민들은 자유로운 이동조차 할 수 없는 상황에 내몰리게 되곤 했는데, 심지어 1662년 찰스 2세 당시 제정된 구빈법[2]은 이와 같은 통제를 정당화하였다.

당시 영국은 정주의 원리가 적용되고 있었는데, 이는 곧 모든 사람은 법적으로 하나의 교구에 소속되어야 하며, 각 교구는 자기 교구 내에서 출생한 법적 거주권의 소지자에 한해서 책임을 져야 한다는 내용이다(김성이, 2002: 141-142). 따라서 「엘리자베스구빈법」 역시 빈민 내지 부랑자가 태어난 곳이나, 그것이 불분명할 경우 1년 간 거주한 곳 내지 거쳐 온 마지막 교구를 구제 관할 지역으로 간주했기 때문에 이 법이 시행되면서 조금이라도 관대한 구빈감독관이 있는 곳을 찾아 빈민들이 교구를 떠도는 현상이 나타났다. 그로 인해 빈민들이 많이 몰리는 교구는 구빈행정의 부담이 커져 갔고, 나아가 봉건제 사회의 지배계급 입장에서는 그들의 토지에서 경작을 맡아 줄 노동력이 줄어드는 문제까지 드러나게 되었다. 즉, 1662년 「구빈법」은 빈민 유입의 통제와 노동력 확보라는 두 가지 목적을 달성하기 위해 만들어진 것이다.

---

[2] 이 점 때문에 1662년의 「구빈법」은 「정주법」 혹은 「거주지 제한법(The Act of Settlement and Removal)」으로도 부른다(출처: http://www.workhouses.org.uk/poorlaws/1662intro.shtml).

이 법은 치안판사에게 자신의 지역에 새로 유입되는 빈곤한 이주자를 그의 이전 거주지로 돌려보낼 수 있는 권한을 부여한 반면, 빈민들에게는 새로운 지역으로 옮겨가게 되면 40일 이내로 구빈감독관에게 조사를 받아야 하는 의무를 규정하였다. 1662년 구빈법은 겉모습은 구빈제도의 틀을 갖추고 있었을지언정 숨은 의도는 노동력의 이동을 원천봉쇄하고자 했던 것이고, 나아가 지역 노동력을 확보하기 위한 수단으로 작동했다.

2) 1722년 「작업장법」

1601년 「엘리자베스구빈법」에서 등장한 기준, 즉 일할 수 있는 능력 유무에 따라 구제 여부를 결정했던 잣대는 18세기까지 이어진다. 노동 가능한 빈민들에게는 구제를 금지하고 노역장 내지 작업장(Workhouse)에서 강제 노동을 시켰던 것을 고려하면, 작업장은 1600년대 이전부터 존재했을 것으로 보인다. 마틴(Martin)에 따르면, 원래 작업장은 '일하는 집'이라는 말에서 출발하였지만 수용자를 구제하는 시설이라는 의미 역시 후일 덧붙여졌다고 한다. 작업장이란 용어가 최초로 법으로 승인된 때는 1597년이었지만, 작업장 제도가 본격적으로 실시된 것은 이후 새롭게 개정된 1722년의 작업장법에서 비롯되었다(양정하, 2005: 66).

일명 「냇치불법(Knatchbull Act)」으로도 알려져 있는 「작업장법」 또는 「작업장테스트법(Act for Amending the Laws Relating to the Settlement, Employment and Relief of the Poor)」은 노동능력이 있는

건강한 빈민에 대한 가혹한 통제가 목적이었다고 볼 수 있다. 작업장에 입소하지 않는 빈민은 철저히 가려내어 구제하지 않았으며, 작업장을 건립할 수 있는 권한과 작업장에 빈민을 수용하여 일을 시키는 것을 민간업자에게 넘길 수 있도록 하는 위탁계약 권한을 구빈감독관과 교회집사에게 부여하였다.

사실 정주법(1662년) 당시만 하더라도 일할 수 있는 빈민은 노동력의 원천이 된다는 입장을 엿볼 수 있지만 이 법에서 나타나는 빈곤과 빈민에 대한 입장은 철저히 낙인적이고 처벌 중심적이었다. 법의 주요 내용을 살펴보면, 먼저 작업장에서 일하기를 거부하는 빈민은 구제대상 명단에서 삭제하여 자격을 박탈시켰다. 나아가 교구의 동의를 얻어 작업장을 짓거나 임대할 수 있었고, 빈민의 숙박·부양 및 고용 등에 관한 위탁 운영을 허용했다. 작업장을 최대한 통제하고, 나아가 운영권을 민간에 위탁시킬 수 있도록 하는 것이 1722년「작업장법」의 목적인 셈이었다.「작업장법」은 작업장 환경을 더 비참하게 만들었을 뿐만 아니라 빈민에 대한 전반적인 생활 구제를 민간이 위임받아 실시할 수 있는 장치, 즉 청부제도를 인정함에 따라 많은 문제점을 파생시키고 말았다.

예를 들어, 당국은「작업장법」을 근거로 번잡스러운 구빈행정을 개인에게 맡긴 덕분에 구빈재정부담을 덜었을 뿐만 아니라, 거택보호의 거부와 관련한 빈민의 분노까지 그 업무를 수탁받은 민간인에게 고스란히 전가시키곤 하였다. 이러한 상황을 이용하여 기업적인 투기사가 나타났는데, 그들은 피구제 빈민을 부양시켜 준 대가인 급여뿐 아니라 강제노동으로부터 얻을 수 있는 이윤 등

두 가지의 동기를 갖고 계약했다. 또 그들의 대다수는 전력이 지주였고, 작업장의 관리인으로서 빈민착취의 방법에도 정통해 있었다. 즉, 이들은 강제노동에서는 대개의 경우 큰 이윤을 얻을 수 없었기 때문에 음식물을 비롯하여 여러 가지 면에서의 처우 내용을 최저로 하였다. 또 청부인은 서로 청부가격을 담합했기 때문에 작업장의 참혹성은 필연적으로 증가할 수밖에 없었다. 「작업장법」이 시행되면서 작업장은 빈민을 구제하는 곳이 아니라 '공포의 기관'이 되어 버렸다(김동국, 1997).

4. 구빈제도의 확대

1) 1782년 길버트법

「엘리자베스구빈법」(1601) 이래 「작업장법」(1722)에 이르기까지 근 120여 년에 걸쳐 시행되었던 억압적 구제제도는 빈곤과 빈민에 대해 적절히 대처하지 못하였고, 작업장법에 이르러 그 한계가 더욱 극명하게 드러나기 시작했다. 따라서 노동능력 유무에 따른 구제라는 원칙하에 전개되었던 기존의 빈민법을 대폭 수정해야 한다는 주장이 힘을 얻게 되었다. 이때 인도적 구빈제도의 필요성을 역설했던 길버트(T. Gilbert) 의원이 발의하여 제정된 「길버트법」을 계기로 영국의 구빈제도는 큰 변화를 맞게 된다.

「길버트법(The Thomas Gilbert Act)」은 작업장에 입소하지 않으

면 구제를 받을 수 없는 것으로 일관했던 기존의 「작업장법」(1722)
과 달리, 노동할 의지가 있는 빈민들은 적절한 일자리를 찾을 때
까지 자신의 집에서 생활하면서 구제를 받을 수 있도록 하였다.
작업장이라는 통제시설이 아닌 자택을 중심으로 구호가 가능하도
록 풀어 준 셈인데, 이는 시설 외 (원외)구호가 최초로 법적으로 규
정되었다는 점에서 중요한 의미를 갖는다.

[그림 4-1] 영국 엑서터(Exeter) 지역 작업장의 당시 모습(1744)

출처: http://upload.wikimedia.org/wikipedia/commons/e/e8/Exeter_Work_House_1744.jpg

　「길버트법」은 시설에 수용되어 있는 사람들이 아닌 경우에도
임금원조와 고용알선의 적용, 즉 원외구호(outdoor relief)를 인정
하였다는 것이 특징이다. 이 점에서 이 법은 그전의 법에 비해 다
소 인도적이었다고 평가된다. 「길버트법」은 과거의 작업장의 위
탁운영제도를 폐지하는 대신에 급여를 받는 직원을 작업장에 배
치하여 지도, 감독하도록 하였는데, 이는 오늘날 사회복지사의 원

형이기도 하다. 「길버트법」에서 비롯된 구빈제도의 개혁은 노동능력이 있는 빈민 혹은 일하고자 하는 사람들이 작업장을 통근하면서 지원받도록 했다는 점에서 중요한 의미가 있다.

2) 1795년 「스핀햄랜드법」

1795년의 「스핀햄랜드법(The Speenhamland Act)」은 길버트법에서 시작된 인도적 구빈제도의 외연이 더욱 확장된 것이다. 이 법은 길버트법이 도입하였던 원외구호제도를 유지하되 한 걸음 더 나아가 빈민의 임금을 가족 수에 따라 보충해 주는 내용을 담고 있다. 즉, 최저생계의 수준을 정하여 이 수준에 못 미치는 경우 가족 수에 따라 임금을 보충하여 수당을 지급하는 임금보조제도가 규정된 것이다. 구체적인 방법을 살펴보면, 먼저 가족의 수와 빵의 가격을 비교하여 만약 전체 가족이 필요한 빵을 구입하는 데 따르는 비용이 임금에서 충당되지 못할 때 그 부족분을 부조로 제공하는 방식을 취하였다. 비록 빵이라는 가장 단순한 기준이긴 하였지만 「스핀햄랜드법」은 최저생활기준을 적용한 시도이자, 실업자 및 저임금노동자에게 구빈세에 의한 수당을 지급하는 과도기적인 임금보조제도의 출발로 볼 수 있다. 이런 점에서 오늘날 대부분의 국가에서 실시하는 공공부조제도에서 찾아볼 수 있는 임금보조 원리의 출발이라고 볼 수 있다.

요약해 보면, 이 법은 「엘리자베스구빈법」 이래로 모든 기준이 개인 위주로 적용되어 오던 것에서 '가족'으로 그 대상의 범위가 확대되었다는 점에서 중요한 의미가 있다. 또한 이 법은 최저생활 기준과 부족분 보충제도의 연원으로도 여겨지고 있다.

5. 낙인과 통제의 부활 그리고 구빈법 시대의 종말: 1834년 구빈법

1) 사회적 배경

「길버트법」과 「스핀햄랜드법」으로 이어지던 인도적인 분위기는 오래 가지 못하였다. 18세기 말, 약 20여 년에 걸친 나폴레옹 전쟁으로 인해 빈민의 수는 그전에 비해 크게 증가하였고, 인클로저 운동과 산업화에 따른 급격한 자본주의 확산은 인도적 차원으로 확대되었던 기존 제도의 수정 내지 폐지를 이끌고 왔다. 「엘리자베스구빈법」이 처음 시작되었을 당시만 하더라도 봉건제 기반의 농촌사회가 주축을 이루고 있었지만, 기술과 기계의 발전은 18세기 산업혁명을 가져왔고, 이는 기존 사회를 대대적으로 개혁하는 결과로 이어졌다.

FOCUS

인클로저의 이해

중세 영국은 장원 영주와 농노로 대표되는 봉건제 농촌사회였다. 그런데 현물이 아닌 화폐 중심 구조로 변화됨에 따라 장원을 소유한 토지 귀족은 현금 수익을 극대화하기 위해 공유지에 울타리 치기

(enclosures)를 하기 시작하였다. 모직물에 대한 수요가 급격하게 증가했기 때문에 영주들은 울타리 쳐 둔 경작지를 양의 방목지로 바꾸어 버렸다. 인클로저, 즉 '울타리 치기' 현상은 중세 영국의 장원제 몰락인 동시에 산업화, 도시화의 가교가 되었다. 물론 과거에도 울타리치기 과정이 존재했지만, 18세기 후반 이후에 불어닥친 인클로저 운동은 영국 농경지의 절반 이상을 양떼 목초지로 바꿔 놓는 결과를 가져왔다. 즉, 인클로저는 노동의 대가로 일신(一身)의 보호를 유지했던 장원제 중심의 봉건적 질서를 와해시킨 한편, 화폐 중심의 시장사회라는 새로운 관계가 형성되도록 만들었다.

기계를 앞세운 생산양식의 변화는 농촌과 농업중심 사회를 도시와 공업중심 사회로 변화시켰다. 봉건적 신분제도에 예속되어 있었던 대부분의 농민은 시민혁명과 더불어 농노의 신분에서 벗어나 도시의 임금노동자의 길을 택하게 되었다. 당시 도시를 중심으로 자본주의는 보다 빠르게 확산되었고 사회 전체는 자유, 특히 재산의 소유에 대한 절대적인 욕구로 가득 차 있었다.

잘 알려져 있는 것과 같이 자유주의에서 기본 원칙은 재산권의 추구와 그것에 따른 개인적 책임이다. 이러한 사회 분위기와 맞물려 산업화 과정에서 빈민을 위한 구호비용이 급격히 증가하자, 지금까지 사회적으로 빈민문제를 풀어 나가려고 노력하였던 정부의 시도는 다시금 개인의 책임으로 그 중심이 옮겨졌다. 급격한 인구 증가와 1811년에서 1831년까지 발생하였던 일련의 흉작으로 인해 구호문제는 더욱 심각한 사회문제가 되었다. 또한 빈민구제는

개인의 자립정신을 해치며, 노동의 동기 부여를 약화시키고 나아
가 사회에 해악이 된다고 생각하는 사람들이 많아져서 조금씩 확
대되어 가던 「길버트법」 「스핀햄랜드법」에서 비롯된 빈민정책들
이 다시 후퇴되는 결과를 가져왔다(김영화 외, 2008).

2) 경제적 배경: 산업혁명의 도래

고대 이후 중세에 이르기까지 생산활동의 절대적 우위를 차지한
것은 농업이었고, 기계화로 대변되는 산업화는 거의 제자리걸음
수준이었다. 가령 금속활자와 인쇄술은 1450년에 이르러서야 구텐
베르그(Gutenberg)가 최초로 개발하였고, 모든 셈의 시작이 되는
덧셈과 뺄셈 기호 역시 1489년에 독일의 수학자 비트만(Widmann)
이 창안하여 비로소 쓰였다.

그렇다면 천여 년이 넘게 지속되었던 농업사회가 변화하게 된
시점은 언제부터인가? 사실 농업사회에서 산업사회로의 변화는
그리 오래된 일이 아니다. 앞서 설명한 것처럼, 인클로저의 원인
이자 결과에 해당하는 섬유업의 발달, 그에 따른 도시이주현상은
농민의 수를 크게 감소시켰고, 계속되는 기계화의 흐름은 공장제
도의 등장을 야기하였다. 이것이 산업화의 주요한 배경이라고 볼
수 있다. 이는 역사학자 토인비(Toynbee)의 주장과도 일치하는 것
으로서 그는 18세기 후반, 즉 1750년대 이후의 인클로저 운동과
도시화는 산업혁명의 동인이었다고 설명한 바 있다. 고대 이후 천
여 년이 넘게 지속되었던 농경사회 문화는 18세기의 급격한 변화

와 함께 점차 쇠락하게 되었고, 그 자리는 산업혁명이 만들어 낸 공장과 도시로 메꿔져 갔다.

많은 사서(史書)가 설명하는 것과 같이 산업혁명의 발발은 영국이다. 그런데 과연 왜 영국에서 비롯되었을까? 그 이유를 확인하는 것은 사회복지역사, 특히 신구빈법의 등장배경에서 중요한 의미가 있다. 다시 말해, 영국에서 산업혁명이 발생한 배경에 대한 정확한 이해가 필요한 것이다. 이에 대해 하일브로너와 밀버그(Heilbroner & Milberg, 2011)는 다음과 같이 설명한다.

첫째, 영국의 부유한 경제적 요인이다. 한 세기에 걸친 해외탐험, 노예무역, 전쟁, 상업 등에 성공을 거두면서 영국은 가장 부유한 국가가 되었고, 그 부는 소수 귀족뿐만 아니라 도시의 상업자본가에게까지 돌아갔다. 산업경제의 중요한 요건이 되는 '시장'의 발달과 더불어 각종 수요 증대 현상에 힘입어 새로운 기술을 찾고자 하는 자극은 기술발전을 더욱 가속화시킨 것이다.

FOCUS

1775년 마라타전쟁

당시 영국의 지배적 우위를 가늠해 볼 수 있는 사건 가운데 대표적인 것이 마라타전쟁이다. 18세기 영국은 유럽대륙뿐만 아니라, 아시아를 대상으로도 탐험의 범위를 넓혔고, 나아가 약소국을 식민지화하면서 국력을 확장시켜 갔다. 1775년 영국의 동인도 회사는 인도 마이소르 왕국을 침공한 데 이어, 인도 서부지역 국가였던 마라타동맹과도 전쟁을 일으켰다. 이 싸움은 마라타전쟁이라 부르는데, 3차례에 걸친 전

> 쟁 끝에 1799년에 마이소르 왕국이 패배하였고, 1818년에는 마라타동
> 맹마저 패전하면서 인도 전역이 영국의 식민지가 되었다. 이 지배는
> 1947년 8월 15일 인도가 2개의 공화국(인도, 파키스탄)으로 독립될 때
> 까지 이어졌다(강응천 외, 2013).

둘째, 사회문화적 요인으로서 영국은 과학의 발전이 두드러진 국가라는 점이다. 이미 1660년에 최초의 과학학회인 '자연과학 향상을 위한 영국 왕립학회(The Royal Society of London for the Improvement of Natural Knowledge)'(왕립학회로도 부름)가 창설될 정도였고, 나아가 뉴턴을 비롯한 수많은 과학자가 차례로 배출되면서 산업혁명에 동력이 되는 각종 기계와 도구 등이 발명되었다. 이와 같은 과학적 탐구는 제조업과 기계업의 발전을 가져와 산업혁명의 시작을 가능하게 했다고 볼 수 있다.

마지막으로는 정치적 요인으로서, 당시 영국은 1640년에서부터 20여 년에 걸친 청교도혁명과 1688년에서 1689년까지에 걸친 명예혁명 등 2대 혁명을 통해서 시민혁명이 이뤄졌다는 점이다. 시민혁명은 봉건적 신분질서의 변화를 가져왔을 뿐만 아니라, 각종 봉건적 특권과 생산, 유통구조를 변화시켰고, 이는 산업혁명이 연착륙할 수 있게 된 기반으로 작용하였다.

산업혁명이란

농업과 수공업 위주의 경제에서 공업과 기계를 사용하는 제조업 위주의 경제로 변화하는 과정을 말한다. 18세기에 영국에서 시작되어 세계 여러 지역으로 확산되었다. 산업혁명이라는 용어는 프랑스의 학자들이 가장 먼저 사용했지만 처음으로 일반화된 것은 영국의 경제사학자인 아널드 토인비(Arnold Toynbee, 1852~1883)가 1760~1840년의 영국 경제발전을 설명하는 저술에서였다. 토인비 시대 이후 이 용어는 보다 광범위하게 적용되어 왔다. 산업혁명(Industrial Revolution)의 주요 특징으로는 기술적 · 사회경제적 · 문화적 측면을 들 수 있다. 기술적 변화로는 ① 철 · 강철과 같은 새로운 기본소재의 사용, ② 석탄 · 증기기관 · 전기 · 석유 및 내연기관과 같은 새로운 에너지원의 이용, ③ 제니 방적기, 동력직조기와 같이 인력을 더 적게 들이면서 생산을 증가시킬 수 있는 새로운 기계의 발명, ④ 공장제로 알려진 새로운 작업조직체의 발달, ⑤ 증기기관차 · 증기선 · 자동차 · 비행기 · 전신 · 라디오 등을 포함한 교통과 통신의 중요한 발전, ⑥ 산업에 있어서 증대되는 과학의 응용 등이 있다. 이러한 기술 변화는 천연자원의 사용을 엄청나게 증가시켰으며 기계를 이용한 상품의 대량생산을 가능하게 했다.

출처: Encyclopaedia Britannica Online(http://britannica.com)

3) 정치저 배경

시민혁명과 산업화의 흐름은 자유방임주의의 대유행을 몰고 왔다. 봉건적 신분제의 변화는 시민권의 성장을 가져왔는데, 마셜

(Marshall)에 따르면 18세기와 19세기는 권리의 토대를 다지는 시기였다. 특히 18세기는 개인의 자유와 법 앞에서의 평등이 강조되었는데, 이것이 다름 아닌 공민권(civil right)의 핵심을 차지하였다. 이때 자유는 사유재산을 축적하기 위한 자유로운 경제활동의 보장과 밀접하게 연결된 것으로서 자유방임주의를 지향하는 것이었다. 이는 1776년 애덤 스미스(Adam Smith)의 『국부론』 출간을 전후로 더욱 탄력을 받게 되었는데, 그는 이익을 추구하기 위한 개인의 행위는 '보이지 않는 손', 즉 시장의 영향에 의해 순기능을 가지게 되며 사회적으로도 유익한 결과를 낳게 된다고 설명하였다. 개인의 자기이익 추구는 시장과 사회를 건강하게 만들 뿐만 아니라, 경쟁이 함께 작동되므로 합리적인 가격형성이 가능할 수 있다고 역설하였다. 그는 국가의 간섭에서 벗어날 때 경제활동이 보장되는 개인의 자유가 가장 극대화될 수 있다고 하여 당시 영국 사회에서 열렬한 지지를 얻었다.

이러한 분위기를 틈타 자유방임주의는 빠르게 퍼져 나갔고, 이는 결국 종래에 유지되었던 인도적 구빈제도에 대한 비판으로 이어졌다. 이 시기에 맬서스(Thomas Robert Malthus)는 그의 저서 『인구론』에서 인구증가는 기하급수적으로 진행되지만 생산은 그에 미치지 못하므로 인구 수와 그들의 생계를 위한 공급 사이의 간격은 점점 더 커질 것이라고 제시하면서, 강력한 인구 통제 정책이 필요하다고 주장하였다. 그는 기존의 구빈제도가 인구와 빈민을 되려 증가시키고, 개인의 자유, 독립정신, 근면성을 파괴하며, 국민의 생활수준을 악화시킨다고 비판하면서 구빈법 철폐를 강조했다. 맬서스와 애덤 스미스의 이론은 자유방임주의의 이상과 맞아떨어지면서 억압과 통제 위주의 구빈제도 부활을 알리는 신호탄이 되었다.

한편 개인의 사익을 추구하는 자유방임주의 사상뿐만 아니라 공리주의, 즉 공공선의 원칙 역시 역설적으로 구빈법을 비판하는 데 중추적인 기반이 되었다. 표면적으로는 자유방임주의와 대치되는 것처럼 보이는 공리주의는 벤덤(Jeremy Bentham)에 의해 주장되었는데, 그는 최대다수의 최대행복이 도덕의 궁극적인 목표라고 강조했다.

흥미로운 것은 벤덤의 공리주의에서 드러난 공공선이 자유주의의 영향을 받았다는 점이다. 벤덤은 애덤 스미스를 좇아 '상거래와 관련하여 개인은 자기 자신의 이익에 대해 정부보다 더 나은 심판관'이라고 주장하면서, 정부가 개인의 경제적 삶에 간섭해선 안 되는 타당한 이유를 열거한 바 있다(강준호, 2013: 111). 다시 말해, 벤덤은 원칙적으로는 자유주의자였고, 그의 사상 아래 주장된 공리주의는 개인의 경제활동과 사유재산 보호를 전제로 한 것이었다. 따라서 그는 최대다수의 행복에 방해가 되는 국가의 간섭과 개입을 비판하면서 폐지할 것을 주장하였다. 뿐만 아니라 「빈민법」을 비판하면서 '소수의 빈민을 구제하기 위해 다수의 국민으로부터 세금을 징수하여 일반 국민의 행복을 깎아내린다면 그것은 전체로서의 행복 저하를 의미하는 것'(박광준, 2008: 130)이라는 입장을 분명히 했다. 이는 또한 「빈민법」의 폐지를 이끌어 내는 동인으로 작용하였다. 다만 벤덤 스스로 자유주의를 전제했음에도 불구하고, 공익을 위해 소수자의 희생(내지 자유)을 정당화할 수 있다는 공리주의를 주장했다는 점에서 오히려 반(反)자유주의적인 속성을 드러내고 말았다는 비판 역시 존재한다는 점은 기억할 만한 점이다.

이러한 분위기는 '왕립조사위원회(the Great Royal Commission of 1832)'(혹은 빈민법 위원회)의 구성으로 이어졌다. 출범 당시는 7명의 위원으로 구성되었으나 1833년에 2명이 추가되면서 9명으로 확대되었고, 그 중심에는 자유방임주의 경제학자인 나소 시니어(Nassau Senior)와 벤덤의 제자였던 에드윈 채드윅(Edwin Chadwick)이 있었다. 위원회는 전체 교구의 30%에 해당하는 3,000개의 교구를 대상으로 빈곤실태조사를 실시하였고 이를 토대로 보고서를 작성하였다. 2년여에 걸친 조사 끝에 1834년에 무려 12권에 걸친 보고서가 완성되었고, 의회에서 폭넓은 지지를 받았다. 보고서의 주요 내용은 다음과 같다.

① 「스핀햄랜드법」의 임금보조제도를 폐지하고 노동이 가능한 자는 작업장에서 노동할 것
② 원외구호는 최소화시키며, 그 대상은 병자, 노인, 허약자, 아동을 양육하는 여성에게만 국한시킬 것
③ 교구 단위의 구호행정을 관할할 수 있는 중앙통제기구를 설립할 것
④ 수급자의 생활조건은 자활하는 최하급 노동자의 생활조건보다 높지 않게 할 것

팽배한 자유방임주의의 흐름을 타고 만들어진 왕립조사위원회의 조사결과 보고서는 그야말로 선별적이고 낙인적인 구빈제도로의 회귀를 주장하는 것이었다. 영국은 이 보고서의 결과를 전적으로 수용하여 결국 「스핀햄랜드법」은 폐지되었고, 같은 해인 1834년에 구빈제도의 종말을 맞게 되는 새로운 구빈법이 제정되기에 이르렀다.

4) 주요 내용

1834년의 「구빈법(The Poor Law Amendment Act of 1834)」[3]('신구빈법'이라고도 함)은 제1차 세계대전 이전까지 영국 사회복지의 근간을 이루었다. 이 법은 「엘리자베스구빈법」 시대부터 노동 가능 여부를 중심으로 구빈 대상을 가려 오던 법적 전통을 대폭 수정하여 '빈민법 대상자(pauper)'와 빈민(poor)을 구분하였다. 왜냐하면 「스핀햄랜드법」을 위시한 기존의 구빈제도가 일할 수 있는 빈민(laboring poor)을 해이하게 한 나머지, '빈민법 대상자'로 전락시켰다고 보았기 때문이다. 따라서 1834년의 구빈법은 왕립조사위원회 보고서의 논지를 계승하여 「스핀햄랜드법」에 의해 제공되던 빈민에 대한 임금보조수당을 폐지하였고, 열등처우의 원칙(Principle of Less Eligibility)을 강조하였다. 이 법의 주요 내용은 다

3] 1834년의 「구빈법」의 정식 명칭은 'An Act for the Amendment and better Administration of the Laws relating to the Poor in England and Wales'이다.

음과 같다.

첫째, 중앙집권적 구빈행정의 원칙을 규정하였다. 왕립조사위
원회의 보고서는 각 지역으로 흩어져 있는 구빈행정의 비효율성
을 지적하면서 구빈 업무를 맡을 중앙행정기구의 필요성을 강조
한 상황이었다. 이에 1834년에 개정된 구빈법은 전국의 구빈행정
을 관할하는 '구빈법 위원회'를 규정함과 동시에 여러 개의 교구
를 하나의 교구 연합으로 통합하여 이를 중앙조직인 구빈법 위원
회가 총괄하도록 조직화하였다. 표면적으로 이러한 변화는 지방
에서 중앙으로 이양되는 것으로 보여지지만, 중앙집권화의 의도
를 두고 진행되었다기보다는 경비절감, 즉 구빈행정 비용을 절감
하고자 하는 목적이 더 우선이었다.

둘째, 열등처우의 원칙이다. 이 원칙은 제러미 벤덤(Jeremy
Bentham)이 제시했던 파놉티콘(panopticon) 모델에서 착안한 것인
데, 그는 교정 행정을 개혁하기 위한 방안을 제시하면서 교도소에
수감 중인 자는 일반 시민 가운데 가장 가난한 사람들과 비교하여
더 나은 환경에서 생활할 수 없다고 강조한 바 있다.

이 점에 착안하여 1834년의 「구빈법」은 빈민들이 스스로 구호로
부터 멀어지기 위해 노력하게끔 하는 동시에, 구호를 받을 권리가
노동시장으로의 유인을 방해해서는 안 되도록 규정했다. 이는 작
업장 원칙과 결합되면서 빈곤과 빈민에 대한 엄격한 통제 수단으
로 작용했다. 비록 통제의 목적이었지만 이 원칙은 노동능력이 있
는 빈민에 대한 구제 원칙을 수립했다는 점 그리고 노동자의 독립
성과 근면성을 반영했다는 점에서 의미를 찾을 수 있다(김경미,

파놉티콘

파놉티콘(panopticon)은 그리스어로 '모두'를 뜻하는 'pan'과 '본다'를 뜻하는 'opticon'을 합성한 것이다. 벤덤이 설계한 감옥 파놉티콘은 동심원 모양의 구조다. 바깥쪽 원을 따라 죄수를 가두는 방이 있고, 중앙에는 죄수를 감시하기 위한 원형 탑이 놓여 있었다. 죄수의 방은 햇빛을 위한 창 이외에도 건물 내부의 탑을 향한 또 다른 창이 있어서 죄수의 일거수 일투족이 탑에 있는 간수에게 시시각각 포착되었다. 반면, 중앙 감시탑의 내부는 늘 어둡게 유지되어 죄수는 간수를 볼 수 없었거니와 자신을 감시하는지도 알 수 없게 해 놓았다. 즉, 보이지 않는 곳에서 죄수를 감시한다는 시선의 비대칭성이 파놉티콘의 핵심적인 구조다.

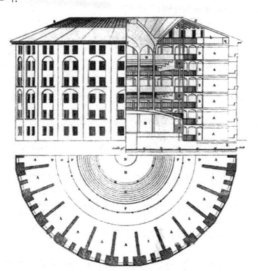

출처: http://opinionator.blogs.nytimes.com/2011/03/09/the-ashtray-the-author-of-the-quixote-part-4

파놉티콘의 구조

1990).

마지막으로 작업장 원칙이다. 1834년의 「구빈법」은 노동능력이 있는 빈민에 대한 원외구호를 금지하였다. 왕립조사위원회 보고서의 논지에 입각하여 작업장을 통해서만 구호가 이뤄지도록 규정한 것인데, 작업장에서 구호를 받을 수 있는 대상 역시 엄격하게 제한하여 빈민들이 최후의 수단으로서만 생각할 수 있도록 운영하였다.

5) 1834년 「구빈법」의 의미

나폴레옹 전쟁 이후의 빈곤 확대, 급격한 산업화 그리고 팽배한 자유방임주의 사상은 1834년에 구빈법을 등장시켰다. 이 법은 빈곤에 대한 구시대적 관점을 가진 지배계급과 산업자본가의 이해관계가 맞아떨어지면서 만들어진 것이다. 그러나 이 법은 본격적인 시행을 맞아 수많은 저항과 비판에 직면하고 말았다. 뿐만 아니라 작업장의 열악한 환경은 빈민의 근로의욕을 고취시키지 못하였다. 심지어 열등처우의 원칙에 따라 식사량까지 제한하는 등 작업장의 본래 목적과는 멀어졌다. 왕립조사위원회의 조사결과 보고서는 노동능력이 있는 게으른 빈민을 교정할 수 있는 곳이 될 수 있다고 보았지만, 작업장은 결국 노동자 가족의 공포의 대상이 되고 말았다. 이는 이미 예견된 문제였다. 즉, 과거의 농업 중심 사회의 부랑민과 실업자를 대상으로 출발한 작업장 구제제도를 산업화가 시작된 시점에서 도시 빈민들에게 적용하는 데서부터 문제가 생겨났고, 무엇보다 「스핀햄랜드법」을 통해 실시되었던 원외구호를 폐지시킨 것은 대다수 노동자의 등을 돌리게 한 원인이었다. 이로 인해 영국 전역에서 반대운동이 벌어지게 되었고 후일 이는 차티스트 운동으로 연결되었다.

1834년의 「구빈법」은 결국 별다른 효과를 볼 수 없었다. 빈곤에서 벗어난다는 것이 단지 개인의 책임과 혹은 노력만으로는 한계가 있음을 보여 준 셈이었다. 오히려 빈곤을 비롯한 문제인식의 초점을 사회구조적인 면으로 돌리게 된 계기가 되었다. 이는 20세기 초부터 시작된 대대적인 복지제도 개혁의 도화선이 되었고, 낙인적 공공부조에 매몰된 구빈행정이 아닌 국민의 권리에 입각한 사회복지제도의 도입과 실천으로 연결되었다.

이 장의 요약

1. 서구의 경우, 국가 개입에 의한 사회복지제도의 시작은 영국에서 비롯되었
   다. 영국의 사회복지 발달과정에서 나타났던 구빈제도(법)와 사회서비스는
   주변의 많은 국가에게 전파되었다.

2. 1601년 「엘리자베스구빈법」을 통해 구빈 책임의 주체가 교회에서 국가로
   옮겨졌다. 노동 가능 여부에 의해 구제 대상을 구분하였는데, 노동이 불가능
   한 빈민에게만 구호를 제공하였고 나머지 노동 가능자에 대해서는 일을 통
   해 구호를 받는 것을 원칙으로 삼았다.

3. 1782년의 「길버트법」은 보다 인도주의적인 면이 있는데, 임금이 생계비에
   미달하면 그 미달 금액을 가구원 수에 따라 보조금으로 지급했다는 점이 특
   징이다. 또한 원외구호(outdoor relief)를 인정했다는 점 역시 의미가 있다.

4. 1795년의 「스핀햄랜드법」에서 저임금노동자의 임금을 가족 수에 따라 연동
   비율로 보충해 주는 제도가 처음으로 도입되었다.

5. 산업혁명과 함께 나타난 신분제 개혁의 바람은 봉건적 계급사회의 종말과
   함께 시민사회의 등장을 이끌었다. 몇 백 년에 걸쳐 이어져 오던 구시대적
   구빈제도는 1834년의 구빈법의 실패로 인해 끝을 맺게 되었다. 시민권 의
   식이 확대됨에 따라 빈곤을 비롯한 사회문제에 대한 인식의 틀은 변화되었
   는데, 이는 후일 국민과 국가 간의 권리·의무관계에 기반한 사회복지제도
   의 등장으로 이어졌다.

제5장

사회보험의 도입과 확산

1. 사회보험의 태동 배경

1) 사회조사의 확대

1834년 「구빈법」의 폐지를 전후로 사회문제와 실태에 대한 과학적 접근의 중요성은 점점 더 부각되었다. 그것은 종래의 구빈제도의 문제점을 반복하지 않아야 한다는 반성에서 비롯되었을 뿐만 아니라 산업화가 진행됨에 따라 나타나는 여러 문제가 종전과 다른 제도적 접근을 요구하고 있었기 때문이었다. 이는 본격적인 사회보험의 시작을 예고하는 것이기도 하였는데, 당시 영국에서는 빈민과 빈곤에 대한 전면적인 조사가 실시되었다. 대표적인 인물로는 19세기 말에 런던 지역 빈민에 대한 방대한 조사를 수행한 찰스 부스(Charles Booth)와 요크 시를 대상으로 조사를 실시했던

FOCUS

런던 빈곤 지도

찰스 부스는 사회조사를 실시한 후 런던 소득 집단 분포 지도를 만들었다. 그는 소득 수준을 7개의 구간으로 나누어 런던 지역 내 인구분포와 소득 간의 관계를 알 수 있도록 지도에 표시하였다.

출처: http://urbanformation.files.wordpress.com/2012/06/image004.jpg

시봄 라운트리(B. Seebohm Rowntree)를 들 수 있다.

이 조사는 영국에 상당한 파장을 미쳤는데, 두 조사결과 빈곤이 개인의 잘못만은 아니라는 점을 입증하는 데 결정적인 기여를 하였다. 즉, 빈곤은 다양한 사회적 원인에 의해 발생하며, 이는 대도시이든 중소도시이든 동일하다는 게 드러난 것이다. 이들의 사회조사결과는 1834년의 구빈법과 같은 빈민구제제도의 한계점을 보

여 주었을 뿐만 아니라, 국가 책임하에 공공부조제도가 실시되어
야 하며, 나아가 사회서비스 및 사회보험의 도입이 필요하다는 논
의를 이끌어 오게 된 도화선이 되었다.

한편 19세기 말에 유행했던 사회조사가 민간에 의해서만 실시
된 것은 아니었다. 오히려 국가에 의해 특별위원회(select commit-
tee)나 왕립조사위원회가 구성되어 실시되기도 하였고, 인구조사
(census)를 비롯한 행정부의 여러 부서가 행하는 조사와 자료수집
역시 동시에 진행되었다. 따라서 국가 차원의 조사와 민간 차원의
활동 사이에 뚜렷한 경계선을 긋기가 쉽지 않았다. 양자 간의 관
련성은 출발부터 영국 사회조사의 중요한 특징을 이루어 왔다(조
용욱, 2000). 왜냐하면 저명한 민간 인사들이 정부가 주도하는 조
사활동에 자주 참여했었고, 경우에 따라 한시적으로 공무원의 신
분도 유지했을 뿐만 아니라, 정부가 인용하고 발표하는 자료도 종
종 개인이나 민간 단체의 조사결과에 의존했기 때문이었다. 여러
종류의 사회조사 활동은 조사담당자와 조사범위의 측면에서 상호
관련되거나 중첩되는 경우가 적지 않았으며, 분석 틀과 자료내용
에서 상호 보완적이거나 때로는 극히 비판적이기도 하였다. 요컨
대, 민간 차원의 조사결과 그리고 영국 복지제도의 변화를 가져온
국가 차원의 조사인 1909년의 왕립조사위원회의 조사와 보고서는
근대 영국 복지제도의 근간을 이루는 데 큰 영향을 미쳤다.

2) 빈민법 위원회와 소수파 보고서

1880년대부터 계속된 실업에 대한 인식 변화를 반영하는 대표적 자료인 1909년의 '빈민법과 빈민구제 조치를 다룬 왕립조사위원회(Royal Commission on the Poor Laws and the Relief of Distress)(혹은 빈민법 위원회)의 보고서는 영국의 사회보장제도의 기틀을 제공하게 된 사회조사의 결과물이다. 당시 빈민법 위원회는 1905년부터 1909년에 걸쳐 159회에 달하는 청문회를 열고 452명의 증인을 다루는 등의 조사활동을 통해 47권에 달하는 통계분석과 결과보고서를 작성하였고, 참여한 연구자가 내린 주된 결론을 다수파 보고서(majority report)와 소수파 보고서(minority report)로 나누어 제출하였다. 특히 소수파 보고서는 웹 부부가 주도하여 작성하였는데, 후일 영국 사회복지에 여러 영향을 미친 내용을 담고 있었다.

소수파 보고서의 주요 내용은 다음과 같다. 먼저 빈곤은 일시적인 현상 혹은 특정 집단에게서만 나타나는 것이 아니라 지속적인 사회현상이자 국가가 직면해야 할 현실이라고 강조했다. 따라서 기존의 구빈법 체제와 같이 통제와 억압 차원에서 빈곤을 이해하는 것이 아닌, 예방 차원으로 발전되도록 빈곤정책이 바뀌어야 함을 주장하였다. 특히 실업문제는 빈곤과 더불어 함께 해결되어야 할 과제임을 지적하였고, 전국적인 규모의 공적인 노동시장을 만들어야 하며, 직업안정대책을 추진하여 문제해결에 힘써야 한다고 강조했다. 특징적인 것은 바로 이 보고서를 통해 실업보험이 활성화되어야 한다고 언급되었다는 점이다.

이외에도 소수파 보고서는 빈민법을 폐지하고 노동능력이 없는 빈민에 대한 구제는 지방정부의 전문 행정조직이 나눠 맡아야 함을 설명하였다. 소수파 보고서는 비교적 혁신적인 내용을 상당 부분 싣고 있다는 점에서 기존 체제를 유지하며 점진적인 변화를 주장했던 다수파 보고서와는 차이점이 있다. 두 보고서 모두 1834년의 「구빈법」과 같은 낙인과 통제 위주의 구빈정책은 쓸모가 없으며, 예방과 치료 위주의 정책이 필요하다는 점에서는 일치된 입장을 취하였다(허구생, 2007: 276-277).

3) 사회보험제도 등장의 의미

본격적인 복지국가를 표방하고 나선 시기는 국가별로 조금씩 다르지만, 복지국가의 모습을 갖추었는지를 판단할 수 있는 기준 가운데 하나는 사회보험의 도입 혹은 실시 여부라고 볼 수 있다. 과거에 낙인적이고 시혜적이었던 국가는 산업화를 정점으로 국민이 인간다운 생활을 누릴 권리를 어떻게 실현하고 보장할 것인지를 고민하는 모습으로 바뀌어 갔다. 무엇보다 산업화와 자본주의 시장경제체제의 만남은 빈곤, 차별과 같은 뿌리 깊은 사회문제를 더욱 심화시켰고, 환경오염, 산업재해 등 전례 없던 문제 역시 일으켰다. 인간의 존엄성을 보장받지 못하는 노동환경에서 차별과 혹사를 겪고 있었던 다수의 개인 노동자가 점차 노동자로서의 권리에 대해 눈뜨게 됨에 따라 노동운동과 노동조합은 급속도로 퍼져 나갔다. 이는 탈봉건체제 이후에 등장했던 '과실의 자기 책임

원칙'에 터 잡은 시민법적 질서가 보다 적극적인 자유와 평등에 의한 사회법 권리체제로 변화되는 과정에 해당한다. 또한 인간다운 생활에 대한 국가 개입의 필요성이 나타나게 된 것으로도 설명할 수 있다. 이 과정에서 구시대의 유물이었던 구빈제도는 청산되었으며, 복지는 권리의 관점에서 재조명되었다. 이러한 시대 변화를 바탕으로 영·미국, 독일을 비롯한 주요 국가는 그들이 당면하게 된 각종 비복지(diswelfare)적 사회문제의 대응책을 사회보험에서 찾기 시작했다고 볼 수 있다.

사회보험이란 최소한의 인간다운 생활의 보장을 위해 실업, 질병 등과 같은 발생 가능한 위험을 강제적 보험의 방식에 의해 미리 예방하고자 하는 제도다. 구빈제도가 사회문제에 대해 개인적인 원인을 찾고 있었다면, 사회보험은 사회적 위험의 관점에서 국민생활보장을 목적으로 보험을 수단으로 한 국가의 정책적 개입이라고 할 수 있다. 그렇기 때문에 민간보험과 달리 국민의 인간다운 생활의 보장, 즉 사회권의 기본적 보장이라는 목적이 뚜렷하며, 국가의 개입이 단순한 시혜 혹은 원조가 아니라 국민의 권리로 인정되는 뚜렷한 특징이 있다. 그러므로 어떤 국가에서 사회보험제도가 도입되었다는 것은 국민이 인간다운 생활을 누릴 권리에 대한 총체적 인식이 시작되었다는 것을 의미한다고 볼 수 있다.

2. 영국 사회보험제도의 발달과정

국가 책임에 의한 구빈제도를 처음으로 시작하였던 영국은 봉건적 구빈제도의 마지막 유산이었던 1834년의 구빈법 폐지를 계기로 사회보험제도를 도입하게 되었다.[1] 독일과 마찬가지로 노동자의 권리의식이 향상되고 그들의 움직임이 정치세력으로 확산되면서 영국의 사회보험제도가 싹트게 된 것이다. 다만 독일에 비해 그 시작이 늦은 것을 알 수 있는데, 이는 노동자 세력 통제라는 목적을 두었던 독일과 달리 당시 집권당이었던 영국의 자유당에 대한 국민의 불신이 높았으므로 그와 같은 통제를 기대하는 것은 어려운 일이었다.

독일 사회보험제도의 도입 배경: 비스마르크의 당근과 채찍

"나는 노동자의 처지를 개선하고, 노동자에게 높은 기업 이윤의 배당을 보장하며, 기업의 경쟁력과 시장상황을 고려한 범위 내에서 노동시간을 단축하려는 모든 계획을 후원할 예정입니다."

이 인용문은 사회주의 노동조직과 정치운동을 탄압하기 위한 목적

[1] 여기서 주목할 점은 사회보험의 시작은 영국이 아닌 독일이었다는 점이다. 독일은 노동자 통제를 은폐하고 정당화시키는 수단으로서 사회보험제도를 좀 더 일찍 채택하였다. 자세한 사항은 '독일 사회보험제도의 도입 배경: 비스마르크의 당근과 채찍'을 참고하면 된다.

으로 비스마르크가 만들고자 한 사회주의자법에 대해 그가 당시 독일 제국 의회에서 설명했던 것의 일부분이다. 여기서 알 수 있듯이 독일은 국가 개입에 의한 강제적 사회보험제도가 가장 먼저 도입된 국가다. 당시 독일의 보험 정책은 사회주의 노동운동과 사회민주당에 대한 탄압 장치인 사회주의자법을 윤색하기 위한 목적을 가졌기 때문에 흔히 당근과 채찍의 기능을 가지고 있다고도 평가된다.

물론 독일의 사회보험제도는 사회통제를 목적으로 하는 정치적인 의도가 내재되어 있었지만, 그 등장배경에는 지배계급에 대항해 오던 노동운동의 영향도 컸다는 점은 분명하다. 1800년대 후반 이후에 달아오른 노동자 운동으로 인해 「의료보험법」(1883), 「재해보험법」(1884), 「노령 및 폐질보험법」(1885)을 연이어 제정하면서 외연적인 사회보험제도의 틀을 갖추게 된 것이다.

그러나 당시 독일의 보험제도에서 비정규직 근로자 및 여성 노동자는 제외되었으며, 보험료 부담이 가입자 및 사업주에게 전가되고 있었던 것은 오늘날 복지국가의 사회보험제도와 구분되는 차이점이기도 하

오히려 점진적인 사회주의를 지향했던 페이비언(Fabian) 사회주의와 노동운동이 결합된 것을 알 수 있는데, 대공황 이후에 등장하게 된 실업과 빈곤 등의 문제에 대한 국가 개입에 대한 요구는 1880년대에 페이비언 협회가 등장하게 되면서 더욱 탄력을 얻게 되었다(김덕호, 1994: 198). 또한 시민의식에 눈뜬 많은 국민이 빈곤과 사회문제에 대한 책임의 주체가 국가라고 주장하게 되자 복지에 대한 관점이 서서히 개인 책임에서 국가 개입으로 옮겨 갔고,

자유방임에 대한 비판 역시 거세어졌다.

　이러한 배경하에서 집권의 기회를 잡게 된 자유당은 상당한 수준의 사회복지정책을 실시하였고, 이 시기에 바로 영국의 사회보험제도가 도입되었다. 당시 자유당은 노동자 계급의 지지를 얻게 되면서 1906년 총선에서 토리당을 누르고 집권에 성공하였는데, 그 후에 과거의 구빈법과는 질적으로 다른 사회복지정책을 추진한 것을 알 수 있다. 가령 1907년에 고용주의 산재보상 책임을 명시한 「노동자보상법」을 제정하였고, 이듬해인 1908년에 「노령연금법」을 도입하였으며, 마침내 1911년에는 실업보험과 건강보험이 포함된 「국민보험법」을 제정, 실시하였다. 이와 같은 자유당의 사회보험제도 도입은 이른바 영국의 복지국가 시대가 열렸음을 의미하는 것이기도 하다.

3. 국가 개입의 확대와 사회보장의 제도화

　노동자의 정치세력화, 산업혁명, 민주화, 과학적인 사회조사 등과 같은 움직임은 사회복지에 대한 국가 개입의 필요성을 일깨웠을 뿐만 아니라, 사회보장제도 확산에도 큰 영향을 미쳤다. 또한 사회보장제도는 인간다운 삶과 이를 추구할 권리, 즉 사회권과 맞물리면서 국민은 사회안전망으로서 사회복지제도가 갖는 기능의 중요성을 인식하게 되었다. 뿐만 아니라 제2차 세계대전과 대공황은 의도치 않게 사회복지제도의 필요성을 증명해 준 역사적인 사

건이기도 하다. 앞에서 살펴본 것과 같이 사회보험은 산업혁명이
야기한 문제의 대응수단으로 도입되었다는 공통점이 있지만, 이
를 계기로 촉발된 사회안전망과 복지제도의 확산과정이 국가별로
차이가 있다는 점은 유의하여야 한다.

1) 베버리지 보고서와 사회보장제도의 확대

(1) 등장 배경

사회보장이 제도화된 이면에는 베버리지 보고서로 많이 알려진
'사회보험 및 원조 서비스 보고서(Social Insurance and Allied service)'
가 자리한다. 베버리지 보고서가 나올 수 있었던 시대적 상황을
살펴보면, 먼저 영국 정부와 노동당은 제2차 세계대전 이후에 피
폐해진 국민의 삶을 회복하고, 국가 재건에 대한 사기 앙양을 위
해 새로운 제도가 필요하다는 데 의견을 모았다. 무엇보다 제1차
세계대전 이후 다시 겪게 된 제2차 세계대전으로 인해 영국 국민
의 대정부 불신이 극심했던 상황에서 영국 정부는 이를 잠재우기
위해서라도 구체적인 사회개혁 사항을 제시해 주어야 했다. 나아
가 전쟁을 전후하여 부처별로 산만하게 운영되고 있었던 여러 복
지 관련 제도 역시 대대적인 정비가 요구되었던 시점이었다. 이에
정부는 사회재건 책임자인 노동당 소속의 그린우드(A. Greenwood)
에게 위원회 창설 임무를 맡겼다. 그 후 1941년 6월, 연립내각(수
상: 처칠)은 베버리지를 위원장으로 하여 사회보험과 관련 서비스
의 기존 제도를 조사하여 권고하도록 '사회보험 및 관련 서비스

월리엄 베버리지(1879~1963)

　인도에서 근무하던 공무원의 아들로
출생하여 영국 옥스퍼드 대학교를 졸업
하였다. 1903년 런던 토인비홀 부관장을
지내기도 하였으며, 평소 실업문제에 큰
관심이 있었다. 1919년 식량성 사무차
관, 1919년 런던정치경제대학(LSE) 학
장, 1937년 옥스퍼드 대학 유니버시티 칼리지 학장 등을 역임하였고,
1946년 남작 작위를 수여 받았다.

정부부처 합동 조사위원회'를 설치하였다.

　다만 베버리지 보고서가 계획되기 이전에도 영국에서는 「노년
연금법(Old Age Pensions Act)」「국가보험법(National Insurance Act)」
을 비롯한 사회보장제도가 존재하였던 점을 감안한다면, 베버리
지 보고서는 또 다른 새로운 사회보장제도의 도입을 고려하기 위
한 목적이었다기보다는 기존의 제도를 유지하면서 일련의 보편적
인 원칙하에 그러한 제도를 통합 · 완성하는 데 목적을 둔 것이라
할 수 있다.

(2) 주요 내용

　베버리지를 중심으로 한 위원회는 1911년에 국민보험법을 제정
할 당시 영국이 겪었던 노 · 사 · 정 간의 갈등을 교훈으로 삼아 분

파적 이해 내지 이익집단의 세력화를 최대한 지양하였다. 제2차
세계대전 후 사회의 재건설을 위해 결핍(want), 질병(disease), 무지
(ignorance), 불결(squalor), 나태(idleness)란 5개의 사회악을 해결해
야만 한다고 주장하였는데, 이 가운데 위원회는 가장 초점을 두어
야 할 대상을 결핍(빈곤)으로 보아 소득보장에 무게를 두었다. 한
편, 사회보장의 수준을 국민 최저선으로 간주하면서 국민 개인의
노력과 국가의 의무가 상응하여 이뤄져야 함을 강조하였다.

  이러한 전제를 바탕으로 위원회는 보고서를 발간하기에 이르렀
다. 보고서는 공동체에게 발생할 수 있는 공통의 위험을 나열하면
서 이러한 위험에 함께 대응할 수 있는 보험방식의 제도가 운영될
필요가 있다는 관점에서 작성되었다. 이는 사회보장을 정의하는
베버리지 보고서의 관점이기도 하였다. 즉, 베버리지 보고서에 따
르면 사회보장은 '실업, 질병 및 재해로 인한 소득의 중단, 또는
노령, 은퇴, 부양자의 사망, 출산, 결혼 및 사망 등의 예외적 지출
의 경우에 대비할 수 있는 일정 소득의 보장'으로 정의된다. 나아
가 이와 같은 제도를 운영할 때는 반드시 전 국민을 포함하도록
하며, 대상자 집단을 경제적 곤란의 원인과 그 보호방법에 따라
분류하여야 한다고 보았다. 그리고 소득과 무관하게 모든 국민이
정액 보험료를 부담하되 연금은 자산조사를 거치지 않고 정액 급
여가 되어야 함을 제시하였다. 그리고 사회보험으로 해결되지 않
는 부분은 근대적이고 인도주의적인 공공부조가 담당하면 될 것
으로 제시했다.

  특징적인 것은 베버리지 위원회에서는 보고서에 제시한 여러

계획이 성공하기 위한 3대 전제 조건으로서 아동수당, 국민보건
서비스(오늘날의 National Health Service) 및 완전 고용을 주장하였
다는 점이다. 먼저 아동수당의 경우 부모가 다른 급여를 받는지와
무관하게 실시되어야 한다고 보았는데, 구체적으로 부모가 일을
하고 있는 경우에는 이 수당이 두 번째 자녀부터 지불되고 그렇지
않을 경우에만 첫 번째 아이에게까지 지불되어야 한다고 주장하
였다. 두 번째, 질병의 예방과 치료를 위해 국가 책임에 의한 보건
서비스가 필요함을 주장한바, 이것이 바로 오늘날 NHS라고 부르
는 영국 의료보장제도의 뿌리가 된 것이다. 마지막 전제 조건이었
던 완전고용의 경우 대량 실업을 예방하는 차원에서 강조되었다.
또한 이러한 조건을 이행하는 주체는 단일한 정부 기구에 의해서
움직여야 한다고 권고하였다. 베버리지 보고서는 오늘날 사회보
험제도 운영에 근간이 되는 사회보장 6대 원칙을 〈표 5-1〉과 같
이 제시하였다.

〈표 5-1〉 **사회보장의 6대 원칙**

- **행정책임의 통합 원칙**(the principle of unification of administrative responsibility): 사회보장의 모든 부문별 행정 운영을 통합화한다는 원칙
- **포괄성의 원칙**(the principle of comprehensiveness): 기본적 생활 욕구의 충족을 위해 사회보장의 모든 분야에서 급여가 고르게 이뤄져야 한다는 원칙
- **정액 기여 원칙**(the principle of flat of contribution): 보험료는 소득의 많고 적음에 관계없이 균일하게 갹출한다는 원칙[2]

[2] 균일갹출 원칙은 소득 분배에서의 역진성으로 인해 저소득층에게는 큰 부담이 되었다. 뿐만 아니라 사적 기업 연금 제도가 강화되는 문제도 나타났다.

- **정액 급여 원칙**(the principle of flat-rate of subsistence of benefit): 보편성의 원칙에 따라 모든 국민에게 평등하게 최저 한도의 소득을 보장한다는 원칙
- **급여 적절성 보장의 원칙**(the principle of adequacy of benefit): 급여의 종류와 수준이 최소한의 인간다운 생활을 영위하는 데 적절해야 한다는 원칙
- **대상의 분류화 원칙**(the principle of classification): 피용자, 자영업자, 가정주부, 기타 노동인구, 취업 전 청소년, 노동불능 고령자 등 6개 층으로 구분한다는 원칙

베버리지 보고서는 모든 시민을 포함하고, 동일한 급여를 제공하며, 빈민에 대한 자산조사의 낙인을 없애자는 관점을 지향하였으므로 보편주의적 접근에 가까웠다고 볼 수 있다. 이는 전쟁 기간에 새로 형성된 평등정신(new wartime spirit of equality)의 수용에서 비롯된 것으로 여겨진다. 나아가 자본주의 원리 및 시장경제와의 균형 역시 중요하게 간주하면서 자조를 강조하였음을 알 수 있다.

표면적으로 나타나는 목적 이외에도 베버리지 보고서는 사회보험과 자본주의 산업사회를 연결시키려고 하는 의도가 내재되어 있었다. 노동자에 대한 전국적인 정보망을 구축하여 노동시장에 대한 중앙정부의 통제력을 강화시킴으로써 복지수혜자로부터 노동기강과 노동생산성을 확보하려 하였다(Hinton, 1973). 뿐만 아니라 임금구조에서 비롯되는 불평등보다는 평균임금을 주요 한 기준으로 잡아 제시했고(조용욱, 2000), 마치 빈곤은 일부 직종에 국한되는 것인 듯한 입장을 취하여 전체 노동시장과 임금구조에 대한 국가 개입을 최소화시킬 수 있는 명분을 제공하기도 했다.

이 장의 요약

1. 최초의 사회보험제도를 도입한 국가는 독일이다. 그러나 사회보험제도 본연의 목적에 충실했다기보다는 억압적 통치 수단의 일환으로 시작되었다고 볼 수 있다.

2. 봉건사회와 구시대적 구빈제도가 청산된 이후 영국 사회는 사회복지의 새로운 변화를 맞게 된다. 산업화와 자본주의의 성장과 함께 자본가와 노동자로 대비되는 또 다른 계급 간의 격차는 점점 더 커져 갔고, 이 과정에서 과거와 다른 원인과 형태의 빈곤문제가 급속하게 번져 갔다. 또한 예측하지 못했던 각종 사회문제가 쏟아지게 되면서 사회복지에 대한 본격적인 국가 개입의 필요성이 대두되었다.

3. 공공부문과 민간부문에서 활발하게 실시되었던 사회조사는 사회보험을 비롯한 사회복지제도의 틀을 마련하는 데 근거자료로 사용되었다.

4. 베버리지 보고서에서 제시된 사회보장의 원칙은 행정책임의 통합 원칙, 포괄성의 원칙, 정액 기여 원칙, 정액 급여 원칙, 급여 적절성 보장의 원칙, 대상의 분류화 원칙으로 정리되는데, 이는 근대 사회보험제도 운영과 자격요건을 마련하는 데 큰 영향을 미쳤다.

제6장

사회복지조직과 사회복지 전문화

1. 사회복지조직의 태동과 발전

1) 자선조직협회

상부상조, 박애 등의 가치를 갖고 전래되어 온 자선활동은 사회
변화의 흐름에 따라 부침을 거듭하면서 계속되었다. 1834년, 구빈
법에 대한 비판이 거세어지고 여러 문제점이 속출하게 되자 영국
사회의 자선활동은 오히려 더욱 활발하게 전개되었다. 무엇보다
빈민에 대한 비인도적인 처우와 열악한 작업장 환경 등이 알려지
게 되면서 이들을 돕기 위한 민간의 움직임이 일어나기 시작하여
1860년대 무렵에는 무수히 많은 자선단체가 설립되어 구호활동을
하였다. 1861년에는 런던에만 640개의 자선단체가 활동했을 만큼
대유행이라고 해도 좋을 규모였다(박병현, 2010: 88).

그러나 민간단체의 활발한 활동이 순기능만을 가진 것은 아니었다. 무분별하게 이뤄지는 구제와 자선활동은 중복과 비효율성의 문제를 야기하였다. 또한 우후죽순으로 진행되는 자선과 구제활동이 빈민의 의존문화를 도리어 조장할 수 있다는 우려가 제기되는 등 여러 문제가 나타남에 따라 개별적으로 사업을 펼치던 자선단체는 점차 조직화의 필요성을 인식하게 되었다. 이를 배경으로 1869년 런던에서 자선조직협회(Charity Organization Society: COS)가 설립되었다. 출범 당시 자선조직협회가 지향했던 목적은 다음과 같이 요약된다.

① 빈곤을 벗어나고자 스스로 노력하는 개인과 가족은 반드시 격려하고 지원하여야 한다.
② 모든 자선과 구제활동은 조직화되어야 하고, 상호 협력해야 한다(Rooff, 1972).

자선조직협회가 표방한 것은 다름 아닌 조사에 의한 과학적인 자선이었다. 과거에 행해지던 '무차별적 자선'의 문제를 해결하기 위해 훈련받은 조사자와 전문가를 투입하였고, 방문조사를 통해 중복자선을 피하고자 했다. 또한 자선조직협회는 1834년의 구빈법의 정신을 계승하였기 때문에 자격 있는 빈민(deserving poor)과 자격 없는 빈민(undeserving poor)을 철저히 가려내고자 하였다. 즉, 중복과 남용의 문제를 해결하고, 과학적 자선을 통해 개인의 자조정신을 최대한 끌어올리고자 한 것이었다. 자선조직협회의

관점에서 빈곤은 철저히 당사자의 책임이었다. 따라서 빈민에 대
해 실시했던 조사는 인격적이고 평등했다기보다 빈곤한 상태가
된 것에 따른 개인의 책임이라는 점에서 접근하였기 때문에 상당
히 보수적이었고 징벌적이었다. 자선조직협회는 빈곤을 개인의
도덕적 결함의 결과로 간주한 채 사회경제적 뿌리를 미처 보지 못
했던 것이다(김덕호, 1994: 190-196).

[그림 6-1] 자선조직협회 풍자

출처: http://www.tate.org.uk/art/artworks/tonks-charity-organization-society-t11004

그럼에도 불구하고, 자선조직협회는 고대로부터 19세기 무렵까
지 전개되었던 민간의 자선활동을 조직화시킨 최초의 시도이자
사회복지조직의 시초로 평가될 수 있다. 과학적 자선을 표방하면

서 전개했던 각종 조사활동과 방문은 오늘날 사례관리의 기원으로 볼 수 있고, 자원봉사 방문조사원에 대한 교육은 후일 사회복지 전문가 교육과정의 모태가 되었다. 이들의 활동이 점차 체계화되고 확대됨에 따라 유급인력으로 교체되는 과정에서 더 이상 자원봉사 방문조사원이 아닌 훈련받은 전문인력의 수요가 증가하게 되었다. 이는 곧 대학의 사회복지 교육을 발전시키게 되는 계기가 되기도 하였다(감정기 외, 2008: 177-178; 박병현, 2010: 90-91).

2) 인보관 운동

인보관 운동은 1854년에 에드워드 데니슨(Edward Denison) 목사를 중심으로 시작되었다. 빈곤을 개인의 책임으로 보던 자선조직협회의 관점과 달리, 인보관 운동은 사회개혁을 통해 문제가 해결될 수 있을 것으로 보았다. 인보관 활동가로는 중산층 대학생이 중심이 되었는데, 그들은 빈곤지역에서 함께 생활하면서 인보관을 통해 지역주민의 삶과 문제를 해결하고자 했다. 그들은 인보관 유급직원으로부터 지도를 받으면서 빈곤 주민의 삶의 질을 개선하기 위해 주민을 일깨우고자 노력하였다. 데니슨 목사의 뜻을 이어 1884년에 사무엘 바넷(Samuel Barnett)은 런던 빈민가 지역에 토인비홀(Toynbee Hall)[1]을 설립하였다.

---

1) 인보관 운동 학생 출신으로 요절한 옥스퍼드 대학의 조교수이자 사회개혁가였던 아널드 토인비(1852~1883)를 기념하여, 캐넌 사무엘 바넷이 1884년 이스트런던에 설립한 기관으로 세계 최초의 지역사회복지관이다.

[그림 6-2] 토인비홀

출처: http://en.wikipedia.org/wiki/File: Toynbee_Hall_1902.jpg

   토인비홀은 학생의 주거지이자 사회봉사를 위한 장소로 이용되었으며, 이곳을 통해 런던의 가난한 노동자의 삶이 일반대중에게 알려지기 시작했다(NASW, 2004). 이들은 엄격하고 보수적인 태도의 방문조사만을 실시할 뿐, 그들의 생활을 공유하거나 이해하려던 노력이 없었던 자선조직협회의 문제점을 비판하면서 지식과 역량을 갖춘 사람들이 직접 빈곤지역으로 들어가 그들과 생활을 함께할 때 비로소 문제의 원인과 해결방법을 찾을 수 있다고 강조하였다.

   인보관 운동에서 관심을 두었던 것은 구호만이 아니었다. 오히려 장애인을 위한 직업교육, 학교 급식, 주거환경 개선 등의 사업을 모두 아우르는 것이었고, 나아가 빈곤과 비빈곤 집단 간의 상호작용을 통해 화합을 꾀하였다. 뿐만 아니라 근로여성을 보호하

고, 아동노동을 폐지하기 위한 입법을 위해 투쟁했으며, 전국 아
동노동위원회와 여성노조 등을 결성하는 데 참여하였다. 이런 일
련의 활동을 이끌어 갔던 중심 구성원은 대학생, 교사, 엘리트 노
동자 등이 대부분을 차지하였다(유동철, 2011). 인보관 운동이 지역
사회 빈곤 주민의 삶을 개선하기 위해 노력했지만, 사회구조의 총
체적인 변화를 이끌어 내는 데는 다소 역부족이었다는 점은 한계
점으로 평가된다.

2. 사회복지 전문직의 등장

사회복지 전문직이 등장하게 된 배경에는 다양한 사회문제와
사회구성원에 대한 관심이 자리한다(Zastrow, 1992: 8). 사회문제를
개인과 환경에 대한 양면적인 관점에서 다루기 위해 노력해 왔으
며, '상황 속의 개인(person in situation)'으로 표현되는 사회복지
전문직의 모토(motto)만 보더라도 이를 알 수 있다. 사회복지 전문
직의 정체성을 여타 전문직과 차별되게 하는 것도 이 모토와 무관
하지 않다(김영종, 2008: 85). 사회복지 전문직, 즉 사회사업가
(social worker)가 언제부터 등장했는지를 확정하기는 쉽지 않지만
영국의 「길버트법」 당시 빈민구제 행정을 맡았던 유급사무원이
사회복지사의 원형이라고 볼 수 있다.

하지만 직업으로서의 전문직의 시작은 자선조직협회의 우애방
문가와 인보관 운동의 활동가다. 당시 전문화의 흐름이 확대된 배

경에는 여러 가지가 있겠지만 무엇보다도 19세기 전후의 시대에
서 전문화는 뚜렷한 추세였다. 이미 의학과 공학을 비롯한 전문직
을 통해 실질적인 사회문제가 해결되거나 새롭게 해석되는 경험
이 널리 퍼진 시대였으므로 새로운 전문직업의 발달은 현대의 많
은 문제에 대한 해답으로 간주되었다(NASW, 2004).

　자선조직협회와 인보관의 연원은 영국에 있지만, 이것이 전파
된 미국에서는 사회복지의 전문화 과정이 급물살을 타고 전개되
었다. 사회복지 전문직의 등장과 이론의 전문화에 미국이 크게 자
리 잡고 있다. 메리 리치몬드(Mary richmond)가 중심이 되었던 뉴
욕자선조직협회는 1898년에 최초로 소속 협회 우애방문가를 훈련
시킬 6주 교육과정을 실시했고, 이는 1904년에 뉴욕박애학교로
바뀌면서 1년 교육과정으로 심화되었다. 뉴욕박애학교는 1910년
에 2년 과정으로 개편되었는데, 당시 강의를 맡은 사이먼 패턴
(Simon Pattern)이 'social worker(사회사업가, 사회복지사)'라는 용어
를 처음 사용하면서 지금의 사회복지사를 의미하는 단어가 등장
하게 되었다(최혜지 외, 2013: 58). 즉, 자선조직협회가 영국에서 유
입되긴 했지만, 미국은 우애방문가를 훈련하기 위한 교육과정을
강화시켰고, 자원봉사의 성격에서 더 나아가 유급직원으로 고용
하기 시작하면서 직업화된 사회복지사를 양성하는 데 앞장섰다고
볼 수 있다

　한편 전문직과 전문영역으로서의 사회복지가 주목받게 되면서
그에 대한 비판의 소리도 높아졌는데, 그 출발은 바로 1915년 볼
티모어에서 개최된 전미자선교정학회에서 에이브러햄 플렉스너

(Abraham Flexner)가 시작한 소위 '전문직 논쟁'이다. 그는 1915년 학회에서 '사회사업이 전문직인가?'라는 제목의 논문을 발표하면서 사회사업의 전문성에 대해 크게 비판하였다. 그는 변호사, 의사 같은 전문직이 특별한 역량과 기술을 갖춘 실천가인데 비해, 사회복지사(사회사업가)는 클라이언트의 조정자일 뿐 전문직이 아니며, 전문직이 되기 위해서는 체계적인 지식을 갖추고, 과학적 지식에 기초한 특별교육을 받아야 한다고 주장하였다(Flexner, 1915). 플렉스너가 제기한 이른바 전문성 논란은 사회사업이 사회개혁보다는 구체적으로 제시할 수 있는 독자적인 학문기술을 발전시키는 데 영향을 주었고, 개별사회복지실천(Case work)과 집단사회복지실천(group work) 같은 기법이 발전하는 계기가 되었다.

20세기 초의 다양한 노력은 사회복지 실천에서 적용되는 구체적인 전문 기술이 정립되고 이론화되는 데 기여하였다. 다만 전문화 과정에서 공공복지, 사회개혁, 그리고 지역사회와 주민 간의 연계 및 네트워크 구축 같은 다소 추상적이고 가시성이 부족한 전문 기술은 상대적으로 발전이 지체되었다. 심지어 집단사회사업이나 지역사회사업 같이 과거 인보관의 사회복지사에 의해서 실시되던 기술마저도 답보상태로 방치되었다. 이에 대해 루보브(Lubove, 1965: 107)는 플렉스너와 마찬가지로 '당시 사회복지사는 역시 개인과 계층, 그리고 기관과 지역사회의 자원 사이에 의사소통의 길을 여는 것이 합법적인 전문가로서의 책무로 자리 잡을 수 있다는 것을 깨닫는 데 실패했다.'고 주장하기도 했다(NASW, 2004).

이른바 '플렉스너 논쟁'에서 비롯된 사회복지 전문화의 과정은 사회복지의 토대를 이루는 양대 모델을 집대성하는 것으로 이어졌다. 그것은 바로 의학적 모델과 구조적 모델이다. 의학적 모델(medical model)은 개인의 문제해결에 초점을 두었던 자선조직협회의 전통을 계승한 것으로, 개별 사례에 대한 탐구, 진단, 기록 및 치료를 강조하고 있다. 지도, 상담, 감독 및 과학적 조사의 원칙은 개별사회사업 실천의 기초가 되었고, 이는 사회복지활동이 단순한 박애가 아닌 하나의 직업으로 자리매김하는 데 기여하였다. 한편 구조적 모델(structural model)은 지역사회행동, 집단사회사업, 사회행동, 사회개혁 등을 강조한 인보관 운동의 맥락을 계승한 것인데, 개인에 대한 치료보다는 사회개혁이 선행되어야만 문제의 원인이 해결될 수 있다고 본 것에서 의학적 모델과 차이를 이룬다. 구조적 모델은 경제학, 정치학, 사회학 등과 같은 인접 사회과학 이론을 사회복지의 가치와 목적 실현에 응용하였는데, 이는 사회조사방법론과 지역사회조직 같은 실천방법론을 발전시키는 데 기여하였다.

3. 사회복지 이론의 전문화

1) 진단주의와 기능주의: 개별사회사업 이론의 분화

19세기 초, 사회복지 실천방법의 2대 흐름은 사회개량적 접근

과 개인변화적 접근이었다. 사회개량적 접근이 인보관 운동에 터
를 잡고 사회구조적 원인과 환경변화를 모색하는 데 중점을 둔 것
이라면, 개인변화적 접근은 개인(클라이언트)의 문제해결에 더 큰
우선순위를 두는 시각이다. 그런데 전쟁공포증 등의 치료에 정신
의학(정신분석)이 활용되면서 개인 중심적 관점이 급부상했고, 사
회개량적 접근은 상대적으로 열세에 놓이게 되었다. 이후 개인변
화 중심의 진단주의적 접근은 메리 리치몬드를 통해 이론적으로
더욱더 정교하게 발전되어 갔다.

예를 들어, 1929년 전국사회사업협의회 총회에서 뉴욕사회사업
대학원장은 "이제 사회사업은 사회개혁이 아닌 케이스워크의 제
공과 개인에 대한 원조로 변했다."고 할 만큼 개인 중심의 진단주
의적 접근이 유행하였다. 이러한 변화의 중심에는 프로이트(Frued)

FOCUS

메리 리치몬드

- 평생 케이스워크와 인간환경의 중요성 역설
- 볼티모어 자선조직협회 경리보조로 사회사업가 활동 시작, 사무총
  장으로 승진
- 사회사업 철학, 전문적인 훈련, 사회조사 중시
- 실천에서 케이스워크와 사회행동의 병행 강조
- 비리와 무책임성을 이유로 공공복지 불신
- 1899년 우애방문가 기본교재 *Friendly Visiting Among the Poor*, 1917년 사회사업 교육 교재 *Socal Diagnosis* 출간

의 정신분석이론이 자리한다. 정신분석이론은 당시 사회복지실천
에 큰 영향을 주었는데, 정신보건사회사업은 사회사업의 모델이
되었고, 가족복지기관, 공공복지기관, 학교, 원호기관으로 그 적
용범위가 확대되었다. 사회사업가는 사회문제를 해결하기보다는
클라이언트의 문제를 해결하는 전문가로 자처했는데, 이는 환자
와의 관계를 중요하게 여긴 정신분석론의 영향이라고 해도 과언
이 아니다. 당시 사회복지계는 전문가주의(Professionalism), 정신
의학(Psychiatry), 정신분석학(Psychoanalysis)이 중시되었고, 이를
'프로이트의 범람'이라고도 한다.

진단주의는 사회복지사라면 개인의 문제 원인을 정확히 규명하
여야 하며, 이는 여러 가지 증거와 체계적인 조사를 통해 확인되
어야 함을 강조하였다. 당시 사회사업가는 사회구조적인 개혁보
다는 개인의 삶과 경험에서 비롯된 가치와 의미를 이해하는 데 더
중점을 두었고, 당사자의 생육사 과정에서 수집되는 각종 정보를
분석하는 것이 보다 전문적이라고 이해하였다(최혜지 외, 2013). 이
러한 관점은 후일 이용자와 사회복지사 간의 관계형성과 의미 있
는 상호작용의 중요성으로 연결되었고, 오늘날 이용자 중심 내지
이용자와 함께하는 사회복지 실천으로 이어지고 있다.

한편 진단주의 모델은 제시 타프트(Jessie Taft)와 버지니아 로빈
슨(Virgina Robinson) 같은 기능주의 학자에 의해 비판을 받기도 하
였다. 그들은 사회사업가가 클라이언트의 결함보다는 강점에 주
의를 기울여야 하며, 그들의 개인적 성장잠재력을 실현시키도록
원조해야 한다는 점에서 진단주의적 접근의 한계를 지적했다. 기

능주의 학파는 시간의 한계를 명확하게 인지하여야 하며, 사회복
지사와 이용자 사이의 과정에 더욱 초점을 두었다. 이용자의 정보
수집에 지나치게 치중하게 되면 이용자에 대해 권위적인 입장이
되기 쉬움을 지적하면서 이용자의 잠재적 역량에 주목하고 그 의
지를 강화하여야 한다고 주장했다.

　진단주의와 기능주의의 대립은 개별사회사업 이론의 분화와 발
전을 가져왔다. 물론 1920년대 이래 개별사회사업에서 기능주의
의 영향력은 상대적으로 약화되었지만 사회복지이론이 발전되는
데 중요한 기여를 하였고, 개별사회사업 이론은 사회환경과 인간
간의 관계를 이해하는 방향으로 변화 및 발전되었다.

FOCUS

미국 사회복지 교육기관의 연원: 뉴욕 사회사업학교 vs. 시카고
대학 사회사업학교

• **뉴욕 사회사업학교**: 자선조직협회 전통
　– **미국 최초의 사회사업교육기관**: 1898년 뉴욕 COS 개설 여름자선
　　학교(Summer School of Philanthropy)의 6주간의 응용박애사
　　업(applied philanthropy) 과정, 사회사업 전문화의 기수 매리 리
　　치몬드가 주도함
　– 1901년 뉴욕박애학교(New York School of Philanthropy) 2년
　　제 개편, 사회복지 전공 일반학생(사회사업 무경험자)에게 개방
　– 1919년 뉴욕사회사업학교(New York School of Social Work)로
　　교명 변경
　– 1940년 콜롬비아 대학교에 합병, 콜롬비아 대학교 사회사업대학

원(Columbia University Graduate School of Social Work)으로 성장

- **시카고 대학 사회사업학교**: 인보관 전통

  - 시카고 헐 하우스의 줄리아 라스톱(Julia Lathrop)과 시카고 인보관 그레이엄 테일러(Graham Taylor)의 주도 아래 1901년에 시카고 인보관과 시카고 대학의 사회학과가 연합하여 헐 하우스 활동가가 교수로 참여한 특별과정을 개설

  - 줄리아 라스롭, 그레이스 애봇(Grace Abbott), 에디스 애봇(Edith Abbott) 등 인보관 운동 출신 학자가 사회사업보다는 사회복지정책과 공공복지에 관심을 둠

  - 사회사업교육을 법학이나 의학과 같은 미국 고등교육 주류에 편입시키고자 교과목을 확대, 1931년 출간된 에디스 애봇의 『Social Welfare and Professional Education』은 개인의 치료와 사적 자선보다는 사회개혁과 공공복지를 중시, 사회과학 이론과 방법론 강조

  - 1903~1904년 시카고 대학 사회과학부(Institute of Social Sciences)로 편입

  - 1907년 시카고시민박애학교(Chicago School of Civics and Philanthropy)로 독립

  - 1920년 시카고 대학 사회사업학교(University of Chicago School of Social Work)로 발전

  - 현재 시카고 대학 사회복지행정대학원(School of Social Service Administration)으로 운영

2) 지역사회복지의 등장과 발전

지역사회복지는 19세기 후반에 전문적으로 훈련받은 사회사업
가가 빈곤 주민이 처한 문제를 해결하는 데 필요하다는 아이디어
가 광범위한 지지를 얻었을 즈음 사회사업의 확실한 분야로서 나
타났다. 특히 미국에서 대공황 이후에 빈민 인구의 급격한 증가로
인해 지역사회를 어떻게 변화시킬 것인지에 대한 이슈가 등장하
면서 지역사회조직과 지역복지활동이 주목받게 되었다.

20세기에 들어서면서 미국의 인보관은 지역주민센터로 변화되
었다. 이곳에서는 주민에게 시민의식을 교육했을 뿐만 아니라 교
육, 여가, 문화활동과 더불어 독서모임, 아마추어 콘서트와 연극,
체육활동, 토론그룹 등을 실시하면서 주민참여를 독려했다. 20세
기 초반, 미국 전역에서 수천 개의 지역센터가 설립되었고, 그들
의 이해를 대변하기 위한 전국 협회도 만들어진 것을 보면 대단히
빠르게 확산되었음을 짐작할 수 있다. 그들의 접근방식은 오늘날
운영되는 수많은 복지관과 사회복지시설에서도 쓰이고 있으며
(Yan, Lauer, & Sin, 2009), 지역사회조직에 대한 최초의 시도라는
점에서 의미가 있다.

지역사회복지의 전문화 과정은 지역사회의 문제와 욕구의 해결
및 발전을 위해 지역사회 및 해당 지역 주민, 관련 전문가 등이 개
입(intervention)하고 실행하는 전략 및 체계 개발과 관련되어 있다.
이는 대체로 다음과 같은 단계를 거쳐서 오늘날의 모습을 갖추었
다고 볼 수 있다. 먼저 그 시작은 초기 모델 시기로 1890~1910년대

다. 이 시기는 전술한 바와 같은 인보관 운동, 자선조직 운동이 그 특징으로 요약된다. 그 이후 1920년대로 들어오면서 개별사회사업의 이론화 과정과 맞물리면서 지역사회복지 실천방법 개발의 시기를 맞게 된다. 즉, 사회복지 전문직의 등장과 이론화의 바람을 타고 개별사회사업(case work), 집단사회사업(group work)이 개발되었을 뿐만 아니라, 사회구조적인 문제에 대한 접근, 지역사회 문제에 대한 접근, 문제에 대한 조직화된 접근 등이 활발하게 다뤄졌다.

지역사회복지 실천방법론이 보다 정교하게 세분화된 것은 1940년대에서 1950년대다. 당시 지역사회에 대한 개념과 이해의 범위는 지리적 경계 이상으로 확장되었으며, 사회복지교육과정에서 지역사회복지 실천 교육의 중요성이 강조되었고, 이것이 반영된 교과목이 나타나게 되었다. 1960년대에서 1970년대는 지역사회복지 실천 기본모델이 정립되는 시기다. 대표적인 학자로서 잭 로스만(Jack Rothman)은 지역복지 모델로 지역사회개발, 사회계획, 사회행동 등을 제시하였는데, 이를 토대로 오늘날 수많은 지역사회복지 실천 모델이 발전되었다고 해도 과언이 아니다. 1980년대 이후 현재에 이르기까지 국가와 지역, 그리고 주민을 아우르는 토착적이면서 지속 가능한 지역사회복지 조직과 실천방법에 대한 다양한 논의가 이어지고 있다.

이 장의 요약

1. 사회복지의 전문화는 영국에서 시작된 자선조직협회 및 인보관 운동에서 비롯되었다. 자선조직협회는 방만하게 유지되던 자선활동의 조직화에 초점을 두고 이른바 과학적 자선을 목표로 확산되었고, 인보관 운동은 우애방문이 아닌 빈민지역에 생활의 터전을 두고 함께 생활하면서 서비스를 제공하고 의식을 변화시키는 데 초점을 둔 것이다.

2. 미국의 자선조직협회와 인보관 운동은 주민의 문제 해결을 둘러싼 접근방법과 관점의 다양화 현상을 이끌었는데, 이는 진단주의와 기능주의로 요약된다. 두 이론은 개별사회사업의 실천방법이라는 큰 틀은 유지하였지만 문제인식과 강조점에서 상당한 입장 차이가 있었는데, 시대 흐름에 따라 우위를 바꿔 가며 발전해 오고 있다.

3. 지역사회복지의 시작은 사회개량적 접근과 인보관 운동이었다. 대공황 이후 빈민과 빈곤 지역을 둘러싼 변화와 연결되면서 개별사회사업과 동시에 지역사회조직과 지역복지활동이 활발하게 전개되었다. 지역복지 모델이 다양화되면서 지역주민과 지역사회 중심의 사회행동 및 옹호전략에 이르기까지 활발한 활동이 실시되고 있다.

제3부

사회복지역사의 탐구 II:
스웨덴

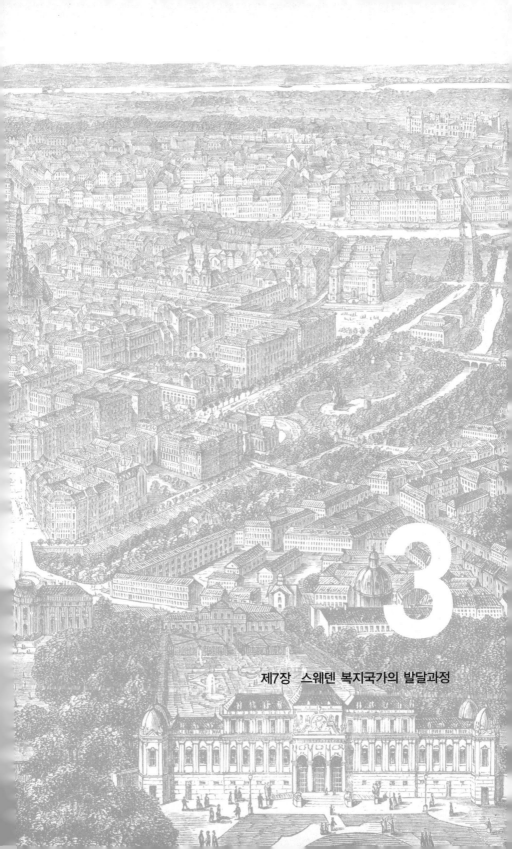

제7장 스웨덴 복지국가의 발달과정

제7장

스웨덴 복지국가의 발달과정

1. 정치사회적 배경

오늘날 복지국가의 대명사로 알려진 스웨덴은 1800년대만 하더라도 유럽에서 그다지 주목받지 못했던 국가였다. 스웨덴은 상당히 오랜 시간 동안 농업기반 국가였으며, 산업화의 시작도 비교적 늦은 편이었다. 국가 차원에서 접근했던 최초의 복지제도는 1853년에 발표된 구빈법에 의한 것이었고, 그 내용은 앞서 살펴본 영국과 마찬가지로 빈곤 주민을 대상으로 실시된 시혜에 그쳤다(기타오카 다카요시, 2013: 152). 빈곤에 대한 낙인, 그리고 자선을 받는 것에 대한 굴욕감과 같은 문제는 여전히 존재하였고, 개혁의지는 미미한 편이었다.

이러한 스웨덴의 변화 역시 산업화로부터 비롯되었다. 비록 산업화의 출발은 늦은 편이었지만 그 발전 속도는 스웨덴을 크게 변화시켰다. 19세기 후반의 과학기술과 교육의 발전은 스웨덴을 농업국가에서 산업국가로 탈바꿈시켰고, 인클로저 운동의 확산은 산업노동인구의 증가로 이어졌으며, 실업과 빈곤, 저임금과 같은 노동문제는 스웨덴이 해결해야 하는 국가적 쟁점으로 부상하였다. 이러한 배경 아래 스웨덴 사회는 기존의 농민집단과 더불어 자본가와 노동자의 양대 계급이 모두 형성되었고, 노동운동은 급속히 확산되었다.

대부분의 국가가 산업화를 통해 농민층이 대거 몰락했거나 도시 빈곤 노동자로 전락했던 반면, 스웨덴은 농민집단의 영향력이 유지되고 있음을 알 수 있다. 1865년 양원제가 도입될 당시 상원은 지주귀족과 산업가가 차지한 반면, 하원은 농민이 자신의 이익을 위해 조직화함에 따라 도시 및 전문직 중산층과 더불어 농업 대표 역시 하원에 대거 진출하게 된 것이다(김인춘, 2007: 39). 이는 후일 특정 직업군 내지 노동자 중심의 복지제도가 아닌 전 국민을 대상으로 하는 제도적 복지 모델이 도입되는 배경으로도 설명된다.

한편 산업화와 더불어 나타난 스웨덴의 노동운동은 노동조합의 성공적인 정착에서 시작되었다. 1907년 산업 노동자의 48%가 이미 노동조합에 가입하였을 뿐만 아니라 노동조합을 통해 전체 노동자의 결속력이 높아졌으며, 정치세력화하는 데도 성공하여 자본가 계급과 정치적 대칭점을 갖게 되었다(김인춘, 2007). 노동자 계급의 성장은 스웨덴 사민당의 정치적 성공과도 맥락을 같이한다. 당시 사민당은 자본가 및 노동자 등과 갈등하기보다는 조합주의(코프라티즘, Corporatism)[1] 방식에 의한 타협을 추구하였고,

1932년에는 농민당과 연정을 이루면서 재집권하게 된 것이다.

자본가, 노동자 등 주요 이익집단 간의 갈등을 조화시켜 낸 대표적인 예가 바로 전문 5조로 구성된 살트셰바덴(Saltsjöbaden) 협약이었다. 특히 이 협약은 노사 상생의 모델이자 사회 상생의 모델로서 평가되고 있는데, 주요 내용을 보면 '노사 협상 절차 확립, 제삼자에 대한 행위 불법화, 전국노조연합, 사용자 연합의 파업, 직장폐쇄 권리 제한' 등으로 구성되어 있었다. 이는 이른바 조합주의 방식에 의한 이해조정의 산물이자, 사민당의 정치역량을 강화시킨 것이기도 하였다(이재율, 2006).

그렇다면 이와 같은 대타협이 가능한 배경은 무엇일까? 그것은 바로 스웨덴 복지 모델의 지향이라고 설명되는 '국민의 집' 이념이다. 1928년에 사민당 당수였던 한손(P. A. Hansson)은 의회에서 '인민의 가정, 국민의 가정(folkhemmet)'이라고 연설하였다. 그는 좋은 가정은 공동체와의 연대에 의해 특징지어지며, 좋은 국가 역시 이러한 가정과 마찬가지임을 역설함으로써 '인민의 가정'과 국가를 연계하여 강조하였다.

즉, 국가는 착취의 도구가 아닌 경제력을 지닌 사회적 존재라는 것이다. 이와 같은 이념적 지향이 살트셰바던 협약과 같은 노사 대타협을 이끌어 왔고, 이는 평등지향의 공동체 의식의 발로라고도 볼 수 있다(박병현, 2005: 297-298). '국민의 집' 이념을 바탕으

---

1) 조합주의(코프라티즘)는 국가와 사회의 조합을 의미하는 말로서, 주요 사회 세력이 국가의 정책 결정과정에 개방적으로 참여하는 형태의 정치제도를 의미함

FOCUS

페르 알빈 한손(1885~1946)

페르 알빈 한손(Per Albin Hansson)은 스웨덴이 세계대공황과 제2차 세계대전의 위기에 직면했던 1930년대와 1940년대에 총리와 사민당 당수를 역임했다. 그는 가난한 노동자 가정에서 태어나 정규 교육조차 제대로 받지 못한 채 노동자로서 성장했다. 1925년에 사민당 당수직을 맡게 되었고, 1928년에 의회에서 '인민의 가정, 국민의 가정'이라는 연설을 하였는데, 이는 스웨덴 복지 이념을 특징짓는 말로 지금까지 회자되고 있다.

로 사민당은 그 이후 1976년까지 44년간 장기집권에 성공하였고, 바로 이 시기 동안 이른바 오늘날 스웨덴 식 복지국가의 초석이 되는 복지 모델이 탄생하였다.

2. 스웨덴 사회복지제도의 도입과 전개

스웨덴의 사회보험제도는 1910년을 전후로 도입되었는데, 1907년에 국민연금(노령연금)위원회가 구성되었고, 1913년에 노령연금법이 통과되면서 보편적인 국민연금제도가 도입되었다. 특히 스웨덴의 연금제도는 보편적 연금제도의 효시로서 중산층 이상도 연금 대상에 포함됨으로써 모든 국민이 공적 연금체계 내에 들어오게 했다는 특징이 있다.

물론 스웨덴의 보편적 연금제도가 처음부터 순탄하게 도입될 수 있었던 것은 아니다. 조세에 의한 보편적 연금제도 도입을 주장하던 농민층의 요구는 그들의 정치적인 영향력이 확대됨에 따라 무시할 수 없는 사안으로 대두되었다. 당시 집권당이었던 자유당은 보수주의자 내지 사민주의자에게로 쏠리는 지지세력을 견제하면서 자신의 입지를 넓히려고 했으므로 농민집단의 지지는 그들에게 매우 중요한 동력이 될 수 있다고 판단하였다(김인춘, 2007: 40-41). 즉, 보편적 공적 연금의 도입은 사민주의자에 의해서가 아니라 자유당과 농민집단의 힘에서 기인한 것이다. 다시 말해, 정치와 사회 경제의 역학 구도 속에서 자유당에 의해 보편적 복지제도의 기틀이 잡히게 되었고, 이는 후일 정권을 잡게 된 사민당에 의한 복지정책 시행의 기초로 연결되었다(감정기 외, 2008: 170).

스웨덴 복지제도의 발전 배경

- 사회민주당이 장기집권함에 따라 1918년 러시아의 볼셰비키 혁명, 1939년 소련의 핀란드 침공 등으로 인한 공산주의의 영향을 복지제도의 확충을 통해 대응하면서 국유화, 폭력혁명과 같은 비합리적 선택은 지양하게 됨
  - 사민당 초기 지도자의 온건 노선도 사회적 합의에 기반한 정책추

진에 기여함
- 세계대전 중 중립을 선언하여 양차 대전의 피해를 막는 한편, 양차 대전 후 유럽의 전후복구와 관련된 수출산업의 특수로 인한 경제호황 등이 상승작용을 함
  - 국내시장이 협소한 소국에서 자동차, 전자, 기계공업이 발전할 수 있었던 것도 전후 재건 수요에 부응할 수 있는 생산능력을 보유한 데 기인함
- 노사 간에 합리적인 의견조정이 가능해짐으로써 노조의 독특한 정책철학인 '렌-마이드너 모델(Rehn-Meidner Model)'을 채택하여 스웨덴형 복지국가 모델을 확립함
  - 고복지체제 유지를 위해서는 완전고용이 전제가 되어야 하는 바, 이를 위해 노조 등 이해집단이 자신의 이익(임금)보다 전체 노동자의 고용을 우선시하는 협력적 노사관계를 유지함

출처: 주 OECD 대표부(2005).

보편적 연금제도의 도입 이후에 제2차 세계대전을 지나오면서 스웨덴의 복지정책은 크게 발전하게 된다. 그 중심에는 엘란데르 (T. F. Erlander, 1901~1985) 총리가 자리 잡고 있는데, 그는 '국민의 집(가정)'이라는 기치로 스웨덴 복지의 틀을 정립한 한손 총리의 후임이었다. 엘란데르 총리는 한손의 복지정책 이념을 계승하는 동시에 '강한 사회'를 표방하였다. 따라서 경제와 복지를 함께 성장시키는 데 주력하였고, 고도의 경제성장을 목표로 적극적인 노동시장정책을 펼쳐 갔다.

특히 사회민주당의 이념에 기초하여 여성의 취업을 촉진하기 위해 보육시설과 같은 물리적 인프라를 구축하였고, 육아휴직과 육아수당 제도 등을 도입, 개편하였다. 또한 전 총리였던 한손의 '국민의 집' 이념에서와 같이 국가는 자녀교육뿐만 아니라 개인이 경험하는 각종 사회문제에 대해서도 적극적으로 개입해야 한다고 여겼다. 이에 엘란데르 정권은 일과 가정의 양립을 위한 각종 복지정책을 확대하였고, 공격적인 증세정책을 함께 실시하였다. 이것이 바로 오늘날 스웨덴 모델의 특징으로 종종 설명되는 '고부담-고복지' 정책의 시작이 된 것이다(이케가야 유지, 2013: 65-70). 스웨덴에서 주요 사회복지제도가 도입된 시기를 살펴보면 〈표 7-1〉과 같다.

〈표 7-1〉 스웨덴 주요 사회복지 관련 제도 도입 시기

연 도	주요 제도
1901	「작업 중 사고에 대한 보상법」
1912	「노동자 보호법」
1913	「노령연금법」
1918	「빈민 구호법」
1924	「아동 보호법」
1928	「단체협약법」 제정
1934	실업보험제도
1935	국민기본연금제
1937	출산수당(mödrahjälp) 도입(임산부에게 지급)
1947	16세 이하의 모든 아동에게 지급하는 아동수당 도입
1953	공적 건강보험제도 도입

스웨덴은 1960년대 말까지 이어졌던 성장을 바탕으로 조합주의
와 계급 간에 연계를 중요시했던 사민당의 정치전략이 맞물리면
서 고용친화적이고 보편적인 사회복지제도를 정착시키게 되었다.
또한 노동시장 정책과 완전고용의 중요성을 강조하면서 자본주의
시장체제에서 드러날 수 있는 문제점을 개선하고 복지와 자본 간
의 상생적 발전을 도모했다는 점이 특징이다.

〈표 7-2〉 스웨덴의 주요 복지수당 체계

• 소득 비례 복지수당
  - 실업수당: 소득의 80% 지급(1996년부터 75%로 하향 조정)
  - 상병수당(sickness benefit): 소득대체율 80%(처음 2주간은 사용자가
    부담)
  - 연금: 최고 소득기간 15년 평균의 2/3 수준
  - 부모 육아휴직보상: 390일간 소득대체율 80%
  - 자녀수당: 16세 이하의 모든 자녀에게 지급(비과세), 셋째 이상의 자녀
    에게는 별도우대수당 지급
• 자산조사 후 저소득가구에 지급하는 수당(means-tested benefits)
  - 사회부조: 지방자치단체가 저소득가구에 지급(국가가 보장하는 최저한
    의 보장을 충족), 소득 및 재산 조사 병행
  - 주택수당: 자녀가 있는 저소득가구(수혜가구는 평균 20% 수준)와 소
    년 · 소녀가장에 지급, 자녀 수에 따라 차등 지급
  - 보육보조금: 직장이 있는 유자녀 저소득가구에 보육비용 지원을 위해
    지방자치단체가 지급하는 보조금(5~7%가 수혜대상)
  - 양육수당(Maintenance support): 결손가정의 아동이 결손부모의 생
    활비 지원을 받지 못할 경우 양육수당 지원(결손부모는 추후 상환책임)
  - 학자금 대출: 대학 이상 학자금 대출, 상환은 소득 4% 이내에서 상환

출처: 주 OECD 대표부(2005: 32). 재인용.

다만 1990년대 이후에 실업률이 높아짐에 따라 기존의 노동정책에 대한 비판과 더불어 유연화가 나타나고 있으며, 복지의 상품화가 일어나고 있는 조짐이 드러나고 있다. 그럼에도 불구하고 사회복지제도에 대한 국민의 신뢰가 높다는 점은 스웨덴 복지 모델의 지속 가능성을 설명할 수 있는 중요한 요인이다. 즉, 복지정책이 성장동력이 되어 경제발전과 삶의 질 향상이라는 두 마리 토끼를 잡을 수 있을 것이라는 점에 대한 국민의 신뢰가 스웨덴 복지국가의 가장 큰 특징이라고 볼 수 있다.

이 장의 요약

1. 스웨덴은 19세기 중반까지 유럽의 가장 가난한 나라였지만 20세기로 들어
   와 복지국가의 기틀을 다지면서 국가경쟁력이 강화되었고, 오늘날 손꼽히는
   유럽 열강으로 성장하였다.

2. 스웨덴 식 복지제도는 시장경제체제와 밀접한 관련을 지으며 발전하였는데,
   완전고용을 추구하는 정책과 더불어 높은 교육·보건 지출의 수준이 복지·
   성장의 선순환 관계가 성립되도록 만들었다.

3. 스웨덴 복지제도의 기틀을 마련하는 데 큰 영향을 미친 대표적인 인물은 한
   손 총리다. 그를 통해 '국가는 국민(인민)의 가정(집)'이라는 정책목표가 수
   립되었고 이는 스웨덴 모든 국민에게서 지지와 호응을 얻었으며, 오늘날까
   지 스웨덴 복지 모델의 정신으로 이어져 오고 있다.

4. 스웨덴 복지역사에서 나타나는 노사관계의 민주적인 해결방식, 참여민주주
   의를 가능케 하는 성숙한 시민의식과 문화·경제·사회·노동정책과 복지
   제도의 조화는 우리나라를 비롯한 많은 국가에게 시사점을 던져 주고 있다.

제4부 사회복지역사의 탐구 Ⅲ:
한국

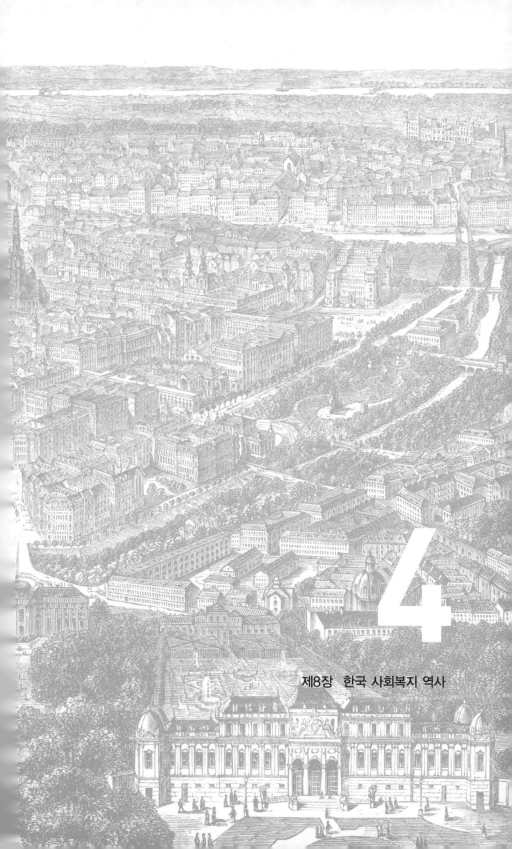

4

제8장 한국 사회복지 역사

제8장

한국 사회복지 역사

1. 고대~조선시대의 사회복지역사

앞서 살펴본 영국 등 서구 주요 국가와 마찬가지로 한국 사회에서도 복지국가라는 개념은 20세기 이후에 나타났다. 비록 고조선의 건국이념이 홍익인간 사상이었지만, 우리 역사에서 볼 수 있는 사회복지의 모습 역시 다분히 지배 계급과 피지배 계급 사이에서 시혜적인 모습으로 자리하고 있었다. 또한 서구의 기독교처럼 종교적인 요소 역시 복지에 많은 영향을 미쳤는데, 불교가 그 대표적인 예다. 불교는 고구려, 백제, 신라 그리고 고려에 이르기까지 개인과 사회 전반에 두루 영향을 미친 종교로, 자비사상에 의한 복지활동의 흔적은 우리 역사 곳곳에서 발견되었다. 국가의 개입은 사회적 약자 혹은 사궁(四窮: 늙은 홀아비, 늙은 홀어미, 부모 없는 아이, 자식 없는 늙은이를 일컬음)에 집중되었고, 그 외에 씨족 혹은 혈연

〈표 8-1〉 고대 이후부터 개화기 이전까지 한국 사회복지 역사의 주요 특징

요소 / 국명	고조선	고구려	백제	신라	고려	조선
건국 이념(신화)	홍익인간, 재세이화	이도여치	광명[1]	광명이세	금탑(金塔)	금척 (金尺)[2]
복지관	단군신앙 ↓ 자비사상	불교 ↓ 자비사상	불교 ↓ 자비사상	불교 ↓ 자비사상	불교 ↓ 자비사상	유교 ↓ 자비사상
정치형태	민본정치	공화정치, 군공정치	절충형	민본정치	귀족정치	양반정치
윤리사상	한(限) 윤리	인륜사상	충	호국	충효, 자비	삼강오륜
복지대상	전 백성	사궁(四窮), 불능자(不能者)				
민간복지	상호부조	상부상조(공굴, 두레, 계 등)			상부상조	향약, 계, 두레
주요 구휼	홍익인간에 바탕한 모든 영역	자연재해로 인한 구제사업 및 경로 수양에 역점을 둠			의료, 자연 재해, 경로, 아동사업 등 사찰을 중심 으로 실시	지방자치제 (향약), 경 로, 의료 및 자연재해 사업
구휼 목적	치안유지 (8조법)	삼국의 견제로 인한 인력손실 방지			일체감 조성	양반계급의 지속과 통치 의 수단

출처: 최민홍(1983: 15-31). 재구성.

1) 백제의 건국에 대해 전해 내려오는 이야기는 여러 가지가 있다. 먼저 『후한서』와 『삼국지』에 따르면 동명의 후손인 구대가 대방에 나라를 세웠는데, 동이 가운데 큰 세력을 떨쳤다는 내용이 나온다. 처음에 백 집의 사람들을 거느리고 강을 건넌 까닭에 나라 이름을 백제라고 했다는 것이다. 여기서 알 수 있는 것은 백제 건국의 뿌리가 '동명(東明)'이라는 말이다. 이 동명은 부여의 시조이자 그 자체가 '동쪽의 광명'을 뜻한다. 곧, 광명한 성에 거처하는 백제 국왕은 '밝음' 자체로서 '태양의 아들'이라는 인식이 있었다는 것이다.

2) 『조선왕조실록』에 따르면 '임금(태조)이 등극하기 이전에 꿈에 신인이 금으로 된 자(금척)를 가지고 하늘에서 내려와 임금에게 주면서 말하기를, "이것을 가지고 나라를 바로잡을 사람은 경이 아니고 누구겠는가?"'라고 하였다고 기록되어 있다. 여기서 조선왕조의 개국은 이미 천명을 받은 것으로 미화된 것을 알 수 있다.

관계에 의한 상부상조가 주류를 이뤘을 뿐, 복지의 가치와 목적에
입각한 공적인 개입은 근대 이전까지는 거의 나타나지 않았다.

 고조선 시대는 농사 위주의 농경사회인 만큼 자연재해와 사고
등으로 인해 겪게 되는 빈곤과 궁핍이 도움을 필요로 하는 가장
큰 문제였을 것이다. 사회 안에 도움이 필요한 사람이 생기거나
어려움에 닥치게 되면 널리 인간을 이롭게 한다는 홍익인간의 사
상을 바탕으로 집단공동체의 공동연대의식에 의해 도움을 주거나
받는 활동이 이루어졌다. 당시 고조선의 질서를 지탱했던 「8조법
(八條法)」은 지금 현재 3개의 조항만이 기록에서 발견되는데, 사람
을 죽인 자는 사형에 처하고, 다른 사람의 신체를 해한 자는 곡물
로 변상하게끔 했으며, 물건을 훔친 자는 원칙적으로 노예를 삼도
록 하는 내용이 전해져 온다. 이를 통해 미뤄 보면 고조선은 사회
의 안녕과 질서 유지 차원에서 백성의 생명, 신체, 재산 등을 지키
는 데 중점을 둔 것으로 볼 수 있다.

기자조선과 구휼제도

 기자조선 문혜왕 원년(기원전 843)에 윤환법(輪環法)을 제정해 빈민
을 구제했고, 정경왕 13년(기원전 710)에는 흉년이 들자 중국 제나라
와 노나라에서 양곡을 구입해 기민을 구제했다는 기록이 있다. 그리고
효숭왕 9년(기원전 675)에는 제양원(濟養院)을 설치해 환과고독과 무
의무탁 4궁을 수양했다는 기록이 있다(최익환, 1947; 하상락, 1989:
40-41). 그러나 이 기록은 구체적인 제도와 시설의 이름이 적시되어

있어 사실인 것처럼 보이지만 신뢰하기 어렵다. 왜냐하면 기자조선 자체가 문헌사적으로나 고고학적으로 존재 여부가 불투명하기 때문이다. 뿐만 아니라 고려와 조선시대 때의 중국 사대주의자가 중국인으로부터 존경받고 있는 기자의 후손임을 자처하면서 중국의 기자가 조선으로 와 영농과 잠농기술을 가르치는 등 백성을 교화하고 기자조선을 건국한 것처럼 침소봉대했을 가능성이 높다는 점에서 문제가 있다(소장섭, 2007).

한편 고구려, 백제, 신라로 나뉘는 삼국시대로 들어서게 되면서 보다 활발한 구제활동이 펼쳐졌다. 강력한 왕권정치가 이어진 만큼 백성이 기아상태에 빠졌을 때 국고의 비축 양식을 풀어 백성을 구제하는 등의 국가주도 구제정책이 주로 실시되었다. 나아가 삼국시대에는 공공부조의 원형이라고 할 수 있는 국가주도 빈민구제사업이 시작되었는데, 바로 진대법(賑貸法)과 창(倉) 제도다. 진대법은 고구려 고국천왕 16년(서기 192년)에 재상 을파소의 건의로 시행되었는데, 주된 목적은 농민과 빈민에게 곡식을 위주로 한 생필품을 배분하는 것이었다. 그 방법을 보면 곡식을 빌려 주는 정책으로 일종의 대부제도였던 진대가 있었고, 이재농민과 환과고독(鰥寡孤獨)에게 곡식을 무상으로 지급하는 진급(진휼)이 있었다. 아울러 창 제도는 원래 전쟁 시에 필요한 군곡을 확보하기 위한 것이었으나 갑작스러운 재해나 질병이 발생했을 때 왕명을 받아 비축 양식을 빈민에게 방출하는 것으로 그 성격이 바뀌면서 함께

FOCUS

삼국시대의 주요 구휼제도

• **관곡진급(官穀賑給)**: 국가가 비축하고 있는 관곡을 이재민에게 배급하는 것

• **사궁구휼(四窮救恤)**: 홀아비, 과부, 고아, 노인 등 이른바 4궁(환과고독)에게 의류, 곡물, 관재를 지급하여 구휼한 제도

• **조조감면(租調減免)**: 이재민의 세금을 감면해 준 제도

• **대곡자모구면(貸穀子母俱免)**: 춘궁기에 빈민에게 대여한 관곡을 거두어 들일 때 흉작으로 상환이 곤란한 경우 원본 및 이자를 감면해 준 제도

• **종자(種子) 및 식량의 급여**: 전년의 흉작으로 인하여 백성이 곤경에 빠져 영농의 종곡이 없거나 식량이 부족할 때 관의 비축 양곡을 풀어 이들에게 영농 종자용 또는 식량으로 배급하거나 대여하는 것

실시되었다.

그 외에 비록 구제제도라고 볼 수는 없지만 종묘(宗廟) 및 불사기도(佛寺祈禱)와 같이 각종 재난을 면하기 위하여 왕이 친히 제사를 지내거나 기도를 하는 일도 실시되었다. 또한 백성이 어려움을 겪거나 재해가 일어나는 것은 왕 본인의 잘못에 기인한 것이라 하여 왕이 재해지역을 직접 방문해서 이재민을 위로하고 대책을 강구하며, 자신이 일상생활을 하던 곳이 아닌 뜰 아래 방에서 기거하면서 검소한 생활을 통해 반성했던 왕의 책기(責己)가 있었다.

삼국시대까지 주류를 이루었던 통치자의 자의에 의한 시혜적인

구휼제도는 고려시대로 들어서면서 좀 더 체계를 갖추게 된다. 고
려시대의 구제제도는 의창과 상평창 같은 창 제도가 대표적이다.
먼저 창제는 삼국시대에 비해 더욱 발전된 형태로 시행되었는데,
크게 의창과 평창의 방식으로 구분되었다. 의창은 평상시에 곡물
을 비축하였다가 흉년, 전쟁, 질병 등의 재난에 대비하는 것이었
고, 평창은 생활필수품의 물가조절 기능을 맡아 보는 제도로서 백
성의 경제생활에 편의를 제공하는 역할을 하였다.

FOCUS

상평창의 이해

상평창은 흉년에는 백성을 구하고, 풍년에는 농민이 손해 보지 않게
한다는 상평정책에서 나온 것으로, 풍년이 들어 곡가가 저렴할 때 국가
가 이를 매입하여 곡가의 하락을 막고, 흉년 시에는 곡식을 매출하여
곡가를 낮추는 일종의 농민 물가안정제도 또는 경제안정제도다.

성종은 개경과 서경, 광주, 양주, 충주, 청주, 공주, 진주, 상주, 전주,
나주, 승주, 황주, 해주 등에 상평창을 설치하여 미곡 6만 4천 석을 운
영기금으로 충당케 하였다. 이후 상평창은 시간이 흐르면서 곡가조절
기능에만 한정치 않고, 의창과 유사한 기능인 진대사업까지로 활동영
역을 확대하였으며, 조선시대까지 동일한 목적으로 계승 · 운영되었다
(소광섭, 2007: 67).

사궁구휼 역시 여전히 유지되어 홀아비, 과부, 고아, 노인 등을
위주로 구제가 실시되었다. 특징적인 것은 납속보관지제인데 고

려 제25대 충렬왕 원년(서기 1275년)에 국고 부족을 충당하기 위해 처음으로 시작된 것으로서 이재민과 빈민을 구호하는 국가의 재정 여력이 충분치 않을 때 여유 있는 백성으로부터 곡식을 모으고 그 대신 영예(관직, 벼슬)를 제공하는 것이었다. 이는 조선시대까지 이어져 공명첩, 원납 등의 이름으로 시행되었다. 구제기관으로는 빈민 구제사업과 이재민 구제사업을 담당하는 제위보가 설치, 운영되었고, 오늘날 공공의료기관의 원형이라고 볼 수 있는 혜민국과 동서대비원이 설치되어 빈곤한 백성의 치료와 의약품의 보급을 주도하였다.

조선시대는 한국 역사의 르네상스를 차지하는 시기이자 고려시대까지 이어져 내려오던 불교적 전통이 유교사상으로 변화된 시기다. 백성과 왕의 관계를 부모와 자식의 관계에 빗대어 왕이 백성의 길흉화복을 책임져야 한다는 왕도정치사상은 조선의 정책과 제도에 지대한 영향을 미쳤다. 조선시대의 대표적인 구제제도와 기관으로는 먼저 구황청(救荒廳)을 들 수 있다. 구황청은 세종대왕 때 처음으로 설치되어 빈민구제를 맡아 관장하다가, 제16대 인조 4년(서기 1626년)에 진휼청으로 개칭하여 전국에 구호양곡을 방출하고 급식을 실시하는 등의 제반 진휼사업을 맡은 기관이다. 의료 영역은 혜민국과 활인서가 주로 담당하였는데, 혜민국(慧敏局)은 태조 때 처음 설치되어 백성의 질병을 치료하고, 의사를 양성하는 등의 임무를 수행하였다. 후에 혜민서, 혜민원 등으로 명칭이 바뀌면서 기능이 이어졌다.

활인서(活人署)는 태조 때 만들어졌는데, 서울에서 발생한 가난

FOCUS

출처: http://cp.culturecontent.com/cp0235/png/CP0235000058/svc/CP0235000058_
L0001.jpg

벼타작(김홍도, 18세기 후반)

사회복지제도의 원형이 다수 만들어졌다고 하더라도 조선은 엄연한
신분제 사회였다. 조선시대의 생활상을 그린 김홍도의 작품 '벼타작'
에서는 가을철의 추수 풍경을 담고 있는데, 일꾼들은 힘들게 일을 하고
있지만, 한쪽에서는 술병을 옆에 두고 일꾼들을 감시하면서 여유롭게
누워 있는 양반을 발견할 수 있다.

한 환자를 치료하는 곳이었다. 처음에는 고려시대와 같이 동서대
비원(東西大悲院)이라 하였으나, 후에 동서활인서로 명칭이 변경
되었다. 구제제도와 의료제도 이외에도 70세 이상의 노인을 입소

시켜 도움을 주는 구제활동을 담당한 기로소(耆老所)가 설치 및 운
영되었고, 유기된 아이나 떠도는 아동을 수용, 보호하던 진휼청
유접소(賑恤廳 留接所)가 있었다.

2. 근·현대 한국 사회복지 발달과정

1) 일제 강점기~미군정기

일제 침략 이전만 하더라도 기존의 제도와 새로운 문물이 결합
되면서 본격적인 사회복지사업의 시초라고 할 수 있었던 활동이
하나둘씩 나타나기 시작하였다. 예를 들어, 고종 25년(1888년)에
천주교회 고아원이 설립되면서부터 근대적 성격의 복지시설사업
이 처음으로 시작되었다. 뿐만 아니라 노인복지사업 역시 천주교
조선교구에 의해서 최초로 시작되었으며, 부녀복지 시설사업은
1919년에 설립된 루라웰즈 학원에 의해서 도입되었다. 장애인 복
지사업으로는 미국 감리교 여선교사인 셔우드(R. Sherwood)에 의
해 1894년에 맹인사업이 처음으로 실시되었고, 1897년에는 평양
식 점자까지 창안, 보급된 바 있다.

그러나 고조선에서부터 조선에 이르기까지 이어져 오던 한국
사회복지의 전통과 제도는 일본의 무단침략으로 인해 단절과 변
형을 맞게 되었다. 일본의 침략은 이러한 제도의 변화와 상부상조
의 전통으로 내려오던 계, 두레와 같은 협동관행을 모두 약화시켰

을 뿐만 아니라, 심지어 식민지 통치의 수단으로 복지제도가 악용되는 일도 허다하였다. 고유의 문화와 역사적 전통을 갖고 새로운 문물을 받아들이면서 조금씩 우리의 모습을 찾아가기 위해 이어졌던 사회복지활동은 결국 일제 강점기에 이르러 제 모습을 잃은 채 멈춰져 버린 것이다.

일제 강점기 당시에 일본이 실시했던 대표적인 강압적인 복지제도는 조선구호령이었다. 이는 구빈 목적에서라기보다는 전시체제하에서 식민지 통치를 보다 강화하고, 식민지 통치의 효율성을 높이기 위한 목적에서 제정된 것이다. 아이러니하게도 이 조선구호령은 우리나라 역사에서 제도적 장치에 의한 근대적 공공부조제도의 기원이 되었다. 이 법은 국민의 빈곤, 불구, 폐질 등에 대하여 국가가 책임져야 하며, 나아가 국민의 생활을 보장할 의무가 있음을 법령으로 규정하고 있었다.

그러나 국민에 대한 국가의 의무를 법률적으로 명시하고는 있지만 허울뿐인 규정에 지나지 않았으며, 침략에 대한 반발을 억제하기 위한 것이므로 식민지 경영에 필요한 법적 장치라 보는 것이 적절할 것이다.

FOCUS

조선구호령의 주요 내용

- **구호 대상**: 원칙적으로 65세 이상자, 13세 이하의 아동, 임산부, 불구, 폐질, 질병, 기타 정신 또는 신체의 장애로 인해 일할 수 없는 자
- **구호 종류**: 생활부조, 의료부조, 조산부조, 생업부조 등

> - **구호 방법**: 거택구호를 원칙으로 하며, 거택구호가 불가능한 경우에
>   는 시설에 의탁, 수용
> - **구호비**: 원칙적으로 부, 읍, 면이 부담, 일부는 국가 보조

2) 1950년대

광복 이후의 우리 사회는 자주적 국민국가를 만드는 것이 무엇
보다 중요한 과제였다. 그럼에도 불구하고 미국과 소련의 남 · 북
분할 점령 구도는 이를 불가능하게 하였고, 결국 한국전쟁이 발발
하면서 분단은 현실로 나타나게 되었다. 분단은 국가와 민족의 분
열이라는 문제뿐만 아니라 일본의 강제 침략과 지배에 따른 일제
잔재를 제대로 청산하지 못하게 만들었다.

한국전쟁 이후의 이승만 정부는 이러한 문제를 해결하지 못했
고, 오히려 독재와 그에 따른 부정부패가 만연하였다. 비록 4 · 19 민
주 혁명과 같은 국민의 노력에 의해 민주주의가 정착되는 듯했지
만 정치의 난맥과 혼란은 그대로 이어졌다. 한국전쟁과 뒤이은 휴
전, 그리고 분단국가로서의 출발과정에서 사실 본격적인 사회복
지제도는 시작될 수 없었다. 다만 「근로기준법」(1953)과 '어린이
헌장'(1956) 등 근로자 및 아동보호와 관련된 법령만이 만들어졌
을 뿐이다.

한편 사회보험의 경우 전쟁 전후의 시기적 특수성으로 인하여
1950년에 「군사원호법」, 1951년에 「경찰원호법」, 1952년에 「전몰

군경과 상이군경연금법」이 먼저 만들어지면서 군이나 경찰 등의 특수집단을 위한 제도가 마련되기 시작하였다.

사회서비스 분야에서는 한국전쟁으로 요구호자가 급증하여 시설보호 중심의 구호활동이 주류를 이루었다. 또한 외국의 민간구호기관이 한국에 진출하는 계기가 되었는데, 당시 대부분의 시설이 해외 원조 기관에 의해 직접 운영되거나 재정을 지원받았다. 하지만 이 시기의 민간 시설복지는 전쟁고아를 위한 외국 민간 단체의 원조와 현물형 원내구호를 중심으로 매우 선별적인 모습을 보였다. 즉, 인권보장이라는 법적 권리개념과는 거리가 멀었고 단지 국제적 자선의 수준에서 이뤄지는 모습이었다(김영화 외, 2007). 1950년대를 전후로 한 한국의 사회복지와 서비스는 일반 국민을 위해서라기보다는 국가의 통치를 지원, 대변해 주는 집단을 위해 제정된 성격이 두드러진다.

3) 1960~1980년대

사회복지제도와 서비스의 골격이 갖춰진 것은 군사정권이 지배하였던 제3공화국의 초중반(1961~1971년) 즈음이다. 군사쿠데타를 통해 정권을 창출한 정부는 정권의 비정당성과 비민주성이라는 문제점을 은폐하는 한편, 지속적인 지배구조를 유지하기 위해 국민으로부터의 지지, 즉 민심을 어떻게 유도할 것인가에 골몰하였다. 이에 정권창출의 당위성을 국가재건과 경제개발에 두고 '경제개발 5개년계획'을 선포·제도화한 나머지, 이 시기부터 사회복지는 정책의 우선순위에서 밀렸을 뿐만 아니라 형식적인 틀만 갖추는 데 그쳤다. 뿐만 아니라 「노동조합법」에서 노동조합의 정치활동을 금지시켜 노동자의 정치세력화를 막고 행동반경을 크게 제한시켰다. 분배보다 성장을 위주로 하는 정책을 중시하다 보니 부의 편중과 불이익 집단의 상대적 박탈감을 야기시켰고, 결국 국가복지가 낙후되는 원인을 제공하였다.

당시 만들어졌던 제도를 살펴보면, 우선 1961년의 「생활보호법」을 시작으로 일부 사회복지정책이 실시되었다. 예를 들어, 1961년의 「생활보호법」과 함께 「아동복리법」 「원호법」이 만들어졌고, 1963년에 「군인연금법」 「산업재해보상보험법」 「의료보험법」 「사회보장에 관한 법률」이 도입되었다. 하지만 일반 국민을 대상으로 한 「의료보험법」은 강제 적용 규정이 누락되었고, 「생활보호법」은 시행령이 만들어지지 않았으므로 실행력이 매우 낮은 제도라는 문제점이 고스란히 존재하였다. 앞서 살펴본 독일 등의 서구 국가에서 나타났던 것처럼 공무원, 군인, 경찰, 국가유공자 등 일부 집단만을 대상으로 제도가 실시되었고, 전체 국민을 대상으로 하는 제도는 고려되지 않았다. 즉, 복지에 대한 국가 책임 인식이 있었다기보다 최종 책임을 개인과 가족에게 떠넘기는 모습이었다.

1970년대 말에 들어서 제4공화국으로 독재를 이어 갔던 박정희 정부는 국제 물가 상승과 국제수지 악화에 따른 경기침체를 쉽게 넘에 따라 정치적인 지지율도 하락세에 들어서게 되었다. 권위주의적 군사정권을 유지하고자 했던 당시의 정부는 결국 '유신체제'를 단

행하여 긴급조치(제1호~제9호)를 발표하기에 이르렀는데, 이를 계
기로 범국민적인 반 유신체제 운동이 확산되었고, 10 · 26 사건으로
인해 18년간의 박정희 정부 통치는 막을 내리게 되었다(김영화 외,
2007).

　1970년대의 사회복지 분야는 다소 외형적으로 확대되었는데,
「사립학교교원연금법」(1973), 「국민복지연금법」(1973)이 도입되
었고 공공부조제도가 보강되어 「의료보호법」(1977)이 만들어졌으
며, 사회복지서비스 분야를 다루는 「사회복지사업법」(1970)이 제
정되었다. 그리고 1978년에 '심신장애자 종합복지대책'이 발표되
면서 장애인에 대한 시설보호에서 벗어나 재활을 위한 치료를 도
입하였고, 관련 법이 제정되어 시설의 현대화, 직업재활 영역으로
관심의 폭이 확장되는 등 1960년대에 비해 사회복지 제도와 서비
스가 좀 더 활발하게 도입되었다.

　한편 1979년 박정희 대통령 사망 이후에 등장한 제5공화국의
전두환 정부, 그리고 뒤이은 제6공화국의 노태우 정부 역시 군사
정권의 연장선이었던 만큼 노동운동을 비롯한 여러 개혁적인 운
동을 탄압하였다. 이는 학생운동, 시민운동 등 모든 영역에 걸쳐
나타났고, 결과적으로 민주주의에 기반한 복지국가로의 성장을
더디게 만들었다. 전두환 대통령이 중심이 된 제5공화국은 '전쟁
의 위협으로부터의 해방' '빈곤으로부터의 해방' '정치적 탄압과
권력남용으로부터의 해방'이라는, 이른바 3대 해방론을 주장하였
다. 이 시기의 사회보험제도의 변화로는 건강보험, 즉 의료보험의
확대를 들 수 있다. 1981년 제1차 지역의료보험이 시범사업으로

실시되었고, 의료보험의 적용범위가 상시 500인 이상의 근로자를
고용하는 사업장에서 100인 이상의 사업장으로 확대되었다.

아울러 「사회복지사업법」을 개정(1983년)하여 사회복지서비스
영역의 전달체계를 개선하였는데, 이 개정을 통해 사회복지 종사
자로 부르던 사회사업가의 법적 명칭이 '사회복지사'로 변경되었
고, 사회복지사 자격제도가 구체적으로 규정되었다. 한편 이전의
연금보험이나 공적 부조를 통하여 제한적으로 실시되던 노인 관
련 서비스는 1981년 「노인복지법」의 제정을 통하여 법적 기반을
확보하게 되었다. 1982년에는 철도, 지하철, 고궁, 목욕, 이발 등
8개 업종에 대하여 경로우대제도가 도입되었으며, 무료노인건강
진단제도(1983년)가 시행되었다. 제5공화국은 집권자의 정치적 필
요에 의해 사회복지서비스 관련 제도가 도입되었다고 정리해 볼
수 있는데, 이는 독일의 비스마르크 총리의 '당근과 채찍'을 떠올
리게 한다.

제6공화국에 들어서면서 전국민연금제도(1989년)가 실시되었
고, 최저임금제가 시행(1988년)되었으며, 영유아보육법이 제정
(1991년)되는 등 좀 더 적극적인 사회복지서비스의 확충이 이뤄졌
다. 예를 들어, 영구임대아파트 단지를 중심으로 종합사회복지관
을 의무적으로 설립하는 규정이 만들어져 사회복지관의 전국적인
설치·운영이 시작되었고, 이를 바탕으로 시설중심 서비스에서
본격적인 재가복지사업이 주목을 받게 되었다. 1980년대 말, 올림
픽과 아시안게임 같은 국제행사를 실시하게 되면서 주요 대중이
용시설을 중심으로 장애인편의시설 정비가 진행되었다. 「심신장

애자복지법」이 「장애인복지법」으로 개정(1989년)되었고, 장애인
의 직업안정을 원활히 하고 사회적 참여를 신장시킬 목적으로 하
는 「장애인고용촉진 등에 관한 법률」(1990년)이 제정되는 등 과거
에 비해 진일보된 면이 있었다.

4) 1990년 이후

문민정부로 표현되는 김영삼 정부는 1990년대 초반에 정치적 민
주화와 지방자치제의 도입이라는 성격으로 특징지어진다. 김영삼
정부는 과거로부터 이어져 오던 제7차 경제사회발전 5개년계획을
폐기하고, 1993년부터 1997년을 대상기간으로 하는 '신경제 5개년
계획'을 새로 수립하였다. 이를 통해 국민들의 자발적인 참여와 능
동적인 창의를 경제발전의 원동력으로 하는 '신경제' 정책을 주창
하였다.

그리고 국민생활과 기업활동에 대한 규제를 완화하여 작은 정
부를 지향하였고, 재정이 공공부문의 생산성을 높이는 데 기여해
야 한다고 보았다(대한민국정부, 1993). 정부의 이와 같은 방침은
사회안전망을 강화하여 성숙된 복지국가로 성장하는 데 주안점을
둔 것이 아니라 경제개혁 및 성장정책으로서의 성격을 띠고 있었
다. 특히 김영삼 정부의 주요 정책은 그가 폐기한 제7차 경제사회
발전 5개년계획의 성격과 차이점이 없다는 지적을 받음으로써 경
제성장과 사회복지의 조화를 이루는 데 실패한 것으로 보인다(박
태정, 2007). 다만 과거의 군사정권에 비해 폐쇄적인 지배구조에서

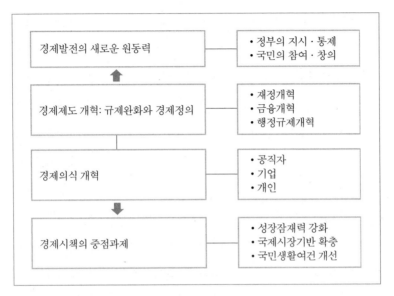

[그림 8-1] 신경제 5개년계획도

출처: 대한민국정부(1993: 19).

상대적으로 조금 더 민주화된 구조로 변화되었다는 점은 의미가 있다. 나아가 1995년에 지방자치제도를 실시하면서 지방화 시대로의 기점을 마련했다는 점은 이 시기의 사회복지뿐만 아니라 사회구조 전체의 큰 변화이기도 하다.

사회복지제도 면에서 가장 큰 변화는 경제·사회 발전수준과 국민의 복지욕구에 부합하는 사회보장제도를 확립하려는 취지에서 「사회보장기본법」(1995년)이 제정되었다는 점이다. 주된 내용을 살펴보면, 사회보장에 관한 국민의 권리와 국가 및 지방자치단체의 책임을 정하고, 모든 국민이 인간다운 생활을 할 수 있는 제도와 여건을 실현하는 것을 그 기본이념으로 하여 국가 또는 지방

자치단체는 국가 발전의 수준에 부응하는 사회보장제도를 확립하
고, 매년 이에 필요한 재원을 조달하도록 하고 있었다. 이와 함께
「사회복지사업법」 역시 변화되었는데, 읍·면·동에서 저소득
층·노인·장애인 등 요보호대상자의 선정과 상담·지원업무를
담당하는 사회복지전담공무원에 관한 법적 근거가 규정되기도 하
였다. 이 밖에 1997년에 장애인·노인·임산부 등의 편의증진보
장에 관한 법률이 도입되었고, 같은 해에 「사회복지사업법」 개정
으로 사회복지사 자격시험이 처음으로 실시되었으며, 사회복지시
설 평가가 법제화되었다. 그러나 당시 사회안전망의 확충, 고용보
험 실시의 요구, 최저생활의 적극적 보장 등 사회적 욕구가 강력
했던 현실을 감안한다면 사회복지제도 내용 면에서의 발전이 충
분히 이뤄졌다고 보기는 어렵다.

　1997년 외환위기 직후에 집권한 김대중 정부는 1998년 '작지만
효율적으로 봉사하는 정부'를 기치로 공공부문에 시장 기능을 도
입하는 경영혁신과 구조조정을 실시하였다. 외환위기는 우리나라
거의 모든 정책의 근간을 흔들고 국민 개인의 인간다운 삶을 위협
하게 되었다. 이는 오랜 경기 침체와 불황으로 연결되었지만, 한편
으로는 사회안전망과 적극적인 사회복지제도의 필요성에 대한 공
감대를 형성하는 데 긍정적인 기능을 한 셈이었다. 김대중 정부에
서 가장 주목할 만한 변화는 바로 공공부조제도의 개혁, 즉 1999년
9월 「국민기초생활보장법」의 제정이다. 이 제도는 1961년에 제정
된 「생활보호법」을 대체하고 생산적 복지의 개념을 도입함으로써
사회안전망(socal safety net)으로서의 기능을 최대화하는 데 목적

을 두었다. 무엇보다 「국민기초생활보장법」은 기존의 국가주도적
정책결정 과정과 달리, 여러 시민사회단체가 입법의 청원에서부
터 제정에 이르기까지 적극적으로 참여했다는 점에서 상의하달
식 정책에서 벗어난 수평적 정책 참여가 이뤄진 것이 특징이다.
아울러 내용 면에 있어서도 기초생활에 대한 시민의 권리와 국가
의 의무를 최초로 명시하였다는 점에서 공공부조정책의 근본적인
변화라고 할 수 있다.

사회보험 분야 역시 많은 변화가 있었는데, 4대보험의 적용범위
가 대폭 확대되었고, 통합운영을 위한 기본방향이 설정된 것이 대
표적이다. 고용보험의 경우 1998년에는 1인 이상의 근로자를 고
용하는 사업장까지 전 국민으로 확대되었고, 산재보험은 2001년
7월부터 1인 이상의 전 사업장으로 적용범위가 넓어졌으며, 의료
보험의 경우 '국민건강보험법'에 따라 직장과 지역의료보험이 통
합되었다. 1998년부터 2002년의 경제위기와 회복의 시기는 우리
나라 최초의 여·야 간 정권교체라는 정치적 환경 변화가 발생했
고, 경제위기 상황은 복지 수요를 폭발적으로 증가시켰다. 나아가
지역과 시민을 중심으로 한 복지운동이 일어나기 시작하면서 사
회복지 분야가 시민사회와 접목되는 계기를 맞았다.

2003년부터 출범한 노무현 정부에서는 '참여복지'의 이념을 주
창하였다. 참여복지의 핵심은 '선(先)성장 후(後)분배'의 기조를
유지해 왔던 역대 정부와는 달리, 경제성장과 분배정의 간의 균형
있는 발전을 모색하는 것이었다. 이를 실현하기 위해 기초보장 측
면에서는 사각지대를 축소하고, 탈빈곤을 유인하기 위해 부양의

무자 기준 완화 및 재산의 소득환산제(2003)를 도입하여 수급 빈
곤층을 확대하였다. 또한 비수급 빈곤층에 대한 욕구별·범주별
부분 급여의 확대 및 근로소득세제(Earned income Tax Credit, EITC)
가 도입되었다. 그 외에도 장애인복지 분야에서는 이동권, 교육
권, 차별철폐, 자립생활운동 등 장애인의 권리확보를 위한 법과
제도가 재편되었다. 이는 2003년 '제2차 장애인복지발전 5개년계
획', 2005년 「교통약자의 이동편의 증진법」 제정, 2007년 「장애인
차별금지 및 권리구제에 관한 법률」 제정, 2008년 '장애인복지발
전 5개년계획' 수립 등으로 나타났다. 그 밖에 인구 고령화에 대
응하기 위한 법적 보완이 추진되어 2005년 5월에 「저출산고령사
회기본법」이 제정되고, 2007년에 「노인장기요양보험법」 및 「기초
노령연금법」 등이 제정되면서 사회서비스와 사회안전망의 보강
이 이뤄졌다.

이 장의 요약

1. 서구와 마찬가지로, 우리나라 역시 근대 이전까지는 시혜와 통제를 목적으로 하는 복지제도가 실시되었고, 개인과 가족 그리고 민간 공동체의 호혜적인 노력이 당면한 어려움을 해결하는 주된 수단으로 기능해 왔다.

2. 일제 강점기에 시행된 각종 구호사업은 식민 통치 전략의 수단으로 실시되었다. 당시에는 지금과 같은 독립된 사회복지 관련 법과 제도가 없었으며, 단지 구호행정에 필요한 법 체계가 마련되어 있었다. 또한 한국전쟁 이후에도 이러한 제도들은 거의 그대로 유지되었고, 최저생계유지와 가장 기본적인 보건·의료정책만이 도입되었다.

3. 한국전쟁 이후부터 1980년대에 이르기까지 민주화와 민주주의 정착은 가장 중요한 시대적 사명이 되었다. 당시 급속한 산업화 과정 속에서 나타난 경제개발과 사회정책의 역진적인 부조화 현상은 후일 외환위기를 맞아 사회안전망의 누수를 유발했다.

4. 1990년대 말 한국 사회가 경험한 외환위기는 사회복지에 대한 일반 시민의 인식을 전환시키는 계기로 작용하였고, 이를 계기로 사회안전망과 사회복지 제도가 대폭 수정되었다.

5. 최근 한국의 사회복지는 보편과 선별의 대립, 사회서비스의 민영화 논쟁, 국민의 부담(기여)과 복지급여 간의 형평성 등을 둘러싼 논의가 활발하게 전개되고 있다. 현재 한국 사회가 경험하고 있는 충돌과 대립은 사회적 연대감에 기초한 상생적 복지국가로 발돋움하는 과도기라고 볼 수 있다.

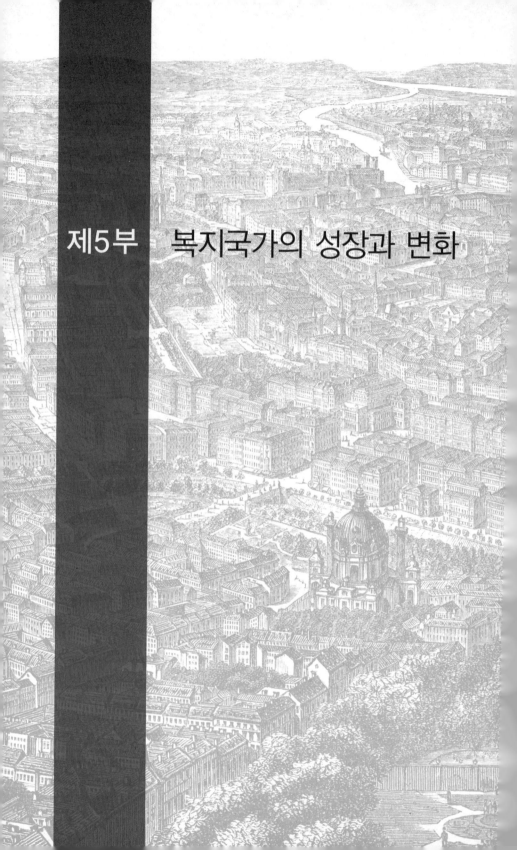

제5부 복지국가의 성장과 변화

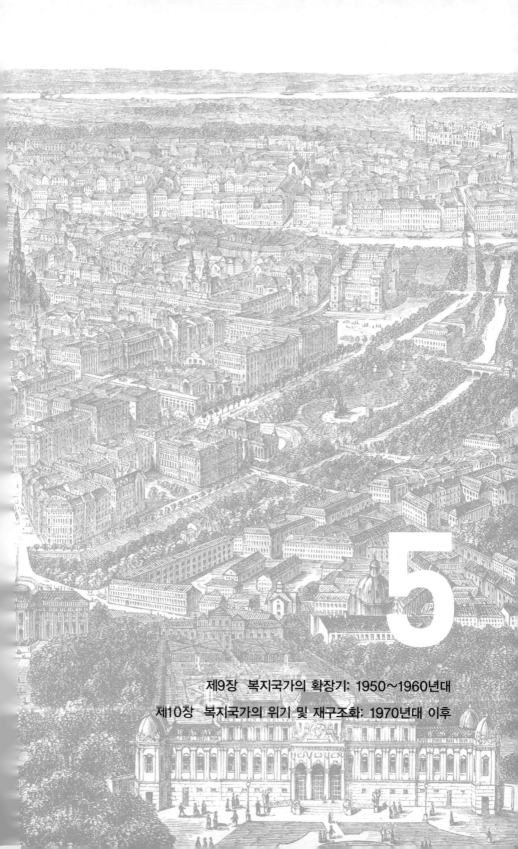

5

제9장

복지국가의 확장기: 1950~1960년대

20세기 이후에 복지국가는 빠르게 변화하였다. 여기서는 헤클로(H. Heclo)가 구분한 복지국가의 전개과정[1]을 기준으로, 확장기에 해당하는 1950년대에서 1960년대에 나타난 주요 국가의 변화과정을 살펴보도록 한다.

1. 시대적 배경

영국과 미국 등 서구 주요 국가는 1950년대를 지나오면서 생산기술의 발전과 생산량의 증가, 그리고 수요시장의 확대에 힘입어

---

[1] 헤클로(Hugh Heclo)는 복지국가의 전개과정을 초기단계를 제외하고는 20년 단위로 나누어 각각 실험기(1870~1920년대), 정착기(1930~1940년대), 확장기(1950~1960년대), 위기 및 재편기(1970년대 이후)로 구분하고 있다((Heclo, 1981: 383-406).

엄청난 호황을 맞이하게 되었다. 비록 양차 세계대전을 지나오면서 주요 국가의 기간시설 혹은 각종 자원은 많은 피해를 입었지만, 세계대전은 단순히 피해만을 남기고 간 역사만은 아니었다. 특히 제2차 세계대전에서 연합국의 승리는 서구 사회에서 자본의 구조를 어떤 정치체제와 결합시킬 것인가라는 문제에 있어서 적어도 민주주의 이외의 독재 체제는 유효한 수단이 될 수 없음을 분명하게 보여 주었다. 따라서 전쟁 종결의 최대 수혜자는 미국을 비롯한 자유주의적 국제 금융자본이라고도 할 수 있다(최형익, 1998). 전후 (1950년대) 유럽 각국은 경제 회복을 위한 기본적인 작업의 하나로 자국통화의 교환가치를 확보하기 위해 주력하였다. 상대적으로 자국의 통화가치가 급락한 일본, 유럽 등의 국가는 브레튼 우즈 체제(Bretton Woods System)에서 결정된 방식에 의해 기축통화가 되

FOCUS

브레튼 우즈 체제의 이해

이 제도는 미국의 달러화를 중심통화(key currency)로 하는 금 태환제로서 '고정환율제도'를 의미한다. 미국의 달러화는 금과 일정비율을 유지하면서 금과 자유롭게 교환하도록 하고, 다른 나라의 통화는 미 달러화와의 교환비율을 유지함으로써 환율을 안정시키자는 것이었다. 브레튼 우즈 체제를 감시하고 운영하기 위해 설립된 국제통화기금(International Monetary Fund: IMF)은 각국의 환율을 달러화와 일정비율이 되도록 유지시키는 기능을 하였고, 단기적인 국제수지 불균형 등이 발생할 때는 10% 이내의 환율변경을 승인하는 등의 기능으로 브레튼 우즈 체제를 지켜 왔다.

어 버린 달러를 확보하는 데 초점을 두었다.

자본주의, 브레튼 우즈 체제 등에 의한 세계 경제 질서의 변화
는 미국 경제의 비중을 절대적인 것으로 만들면서 상대적으로 유
럽 경제의 지위를 크게 약화시켰다.

〈표 9-1〉　전후(1950년대) 주요 국가의 지위 변화 (단위: %)

	공업 생산				세계 수출			
	1937	1948	1953	1958	1937	1948	1953	1958
미국	41.4	56.4	53.3	46.6	14.2	32.5	21.4	20.9
영국	12.5	11.7	8.3	8.2	11.3	9.8	9.9	9.5
독일	9.0	4.3	7.8	10.5	10.3	0.5	6.0	8.7
프랑스	6.0	4.1	4.0	5.4	4.1	4.0	5.2	5.1
이탈리아	3.0	2.1	3.1	3.5	2.4	1.4	2.1	2.6
네덜란드	…	…	…	…	2.9	1.5	2.9	3.1
일본	4.8	1.5	2.2	…	5.2	0.4	1.7	2.9

출처: 소경광승(1983). 재인용.

〈표 9-1〉에서도 나타나듯 전후 미국은 다른 국가에 비해 월등
히 빠른 속도로 성장한 것을 알 수 있다. 미국 경제의 이와 같은
발전은 이른바 '미국식 경제체제'를 가능하게 만들었는데, 이는
컨베이어 벨트로 상징되는 반(半)자동 생산공정 도입과 이에 기초
한 표준화된 제품의 대량생산, 그리고 그와 결합되는 대량소비를
특징으로 하는 포드주의(Fordism)적 축적체계 덕분이었다. 포드주
의는 노동생산성을 증가시키고, 대량생산을 가능하게 함으로써
공산국가를 제외한 대다수의 국가들이 대규모의 시장을 만들어

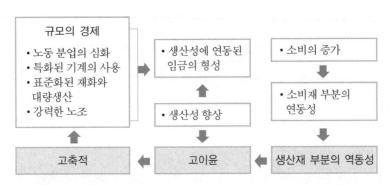

[그림 9-1] 포드주의의 흐름

출처: 김의제(1999).

가는 데 영향을 끼쳤다.

　포드주의의 특징은 극단적인 분업에 기초하여 직무를 파편화시
키고, 컨베이어 벨트와 같은 기계장치의 성격에 노동자의 배치를
완전히 종속시킴으로써 높은 생산성을 보장하는 한편, 그로 인한
노동자의 정신적 · 육체적 피로에 대해서는 임금을 제공함으로써
보상하는 데 있다. 대량생산과 대량소비의 결합에 기초한 포드주
의는 제2차 세계대전 이후에 세계 자본주의 경제의 황금시대를 이
끌었다.

FOCUS

　　포드주의

　　포드주의 또는 포디즘(Fordism)이란 조립라인 및 연속공정 기술을
이용한 표준화된 제품의 대량생산과 대량소비의 축적체제를 일컫는
말이다. 포드 자동차 회사에서 콘베이어 벨트 도입을 통해 대량생산을

가능케 한 데서 유래되었다. 포드주의의 폐해는 작업의 분절화, 숙련노동과 미숙련노동 간의 양극화 등의 문제로 나타났고, 특히 포디즘적인 단순 미숙련작업은 지성·창의성이 일체 배제돼 불만족과 함께 노동자의 비인격화 문제를 야기하였다.

출처: http://www.google.co.kr/search?q=%ED%8F%AC%EB%94%94%EC%A6%98&hl=ko&newwndow=1&bw=1680&bh=855&um=1&e=UTF-8&tbm=sch&source=og&sa=N&tab=w&e=FdMdUYOQA-yVjALG-YHYDg

이러한 전후의 세계 경제 양상은 이른바 팍스아메리카나라고 일컬어졌는데, 동서 양 진영 간의 대립 속에서 미국의 압도적인 경제력과 핵을 중심으로 한 군사력이 그 기반이 되었다. 팍스아메리카나의 특징은 경제력·금융력·군사력을 확보한 미국의 주도하에서 세계 경제를 재편시킨 것이며, 정치적 독립을 달성한 개도국에게는 자본주의 제도를 확고하게 이식시켰다는 점이다. 또한 단일 환율체제로써 자본, 상품, 노동의 자유로운 이동을 보장하게 만든 점도 중요한 의미로 되새겨 볼 수 있다(세끼시다 미소르, 1989: 68).

〈표 9-2〉 경제 성장기 주요국의 1인당 국민총소득(비교시점: 1963~1970년) (단위: 달러)

연 도	미 국	일 본	독 일	영 국	프랑스	한 국
1963	3,207	713	1,664	1,624	1,757	100
1964	3,386	829	1,811	1,754	1,929	103
1965	3,557	917	1,951	1,864	2,024	105
1966	3,846	1,056	2,048	1,973	2,171	125
1967	4,024	1,225	2,062	2,043	2,328	142
1968	4,352	1,436	2,224	1,912	2,509	169
1969	4,368	1,670	2,508	2,046	2,696	210
1970	4,795	1,948	3,041	2,254	2,775	253

출처: 통계청, 주요 경제지표

요컨대, 복지국가가 성장하게 된 1950년대에서 1960년대는 전쟁 후 황금기를 맞으면서 나타났던 브레튼 우즈 체제의 등장을 바탕으로 하여 자유주의 시장경제가 부흥된 것으로 그 성격을 정리해 볼 수 있다. 이러한 시대적 배경을 토대로 영국, 미국 등 주요 국가들은 복지제도와 서비스를 안정적으로 실시할 수 있는 기반을 마련할 수 있게 된 것이었다.

2. 복지제도의 확대

앞서 설명한 것처럼 제2차 세계대전 이후에 고도의 경제 성장 배경에는 세계 경제의 헤게모니를 주도하게 된 미국과 포드주의의 확산이 자리한다. 자본주의와 포드주의가 결합되면서 일어나

게 된 경제 호황으로 인해 재정수입이 증대되었고, 나아가 완전고
용과 노동자 절대 빈곤이 감소됨에 따라 복지제도가 발전될 수 있
는 기반이 조성된 셈이다(원용찬, 1998: 90). 이를 바탕으로 1950년
대부터는 영·미국을 비롯한 대부분의 국가에서 복지정책과 사회
복지서비스 관련 프로그램의 지속적인 확장이 있었다. 예를 들어,
〈표 9-3〉에서 나타나는 것과 같이 국민소득의 증가와 정부 지출
의 증가가 동시에 이루어졌는데, 특히 1960년대부터 1970년대까
지 국방비는 대부분 축소된 반면, 건강보험 및 교육과 같은 복지
영역의 투자는 대체로 증가되었음을 알 수 있다.

〈표 9-3〉 각 국의 국민소득, 정부 지출의 연평균 증가율 (단위: %)

구 분		건강보험	교육비	국방비	총지출	국민소득
미국	1950~1959	7.7	9.3	10.7	6.5	2.2
	1960~1970	5.1	7.7	3.9	5.5	3.1
영국	1950~1959	3.1	4.0	4.2	0.4	1.8
	1960~1970	3.3	5.0	-0.6	2.8	2.6
스웨덴	1950~1959	6.4	8.0	7.1	6.3	31
	1960~1970	9.7	6.8	1.5	6.8	4.2
오스트레일리아	1950~1959	–	10.8	14.4	2.4	2.7
	1960~1970	7.8	10.2	8.9	10.7	7.8
4개국 평균	1950~1959	5.6	7.9	9.8	3.9	4.6
	1960~1970	6.1	7.5	3.6	6.5	4.4

출처: 김영종(1992: 146).

1945년을 기점으로 1970년대에 이르는 과정에서 보이는 복지
제도 변화의 특징은 다음과 같다.

① 시민권의 보편적 확장에 근거한 복지국가 주요 정책의 급속
   한 개혁 및 혁신
② 복지제도 수혜 대상자의 증가와 직접 서비스 확대에 따른 국
   가 책임성의 강화
③ 복지국가의 확장에 대한 광범위한 차원에서의 정치적 동의
④ 경제발전과 완전고용의 성공적인 획득(Pierson, 1998: 122)

〈표 9-4〉는 사회적 지출 비용의 급속한 성장을 설명해 주고 있
는데, 국가를 막론하고 사회적 지출이 확대되고 있음을 볼 수 있다.
더불어 전술한 바처럼, 급속한 고도의 경제 성장은 유례없이 높
은 취업률을 가져올 수 있었고, 특히 1930년대 대공황 시기에 겪
었던 평균 13%라는 실업률을 극복하면서 경제성장에 대한 자신
감을 회복하게 되었다.

〈표 9-4〉 OECD 7개국을 중심으로 한 GDP 대비 사회적 지출 비용 증가 양상 (단위: %)

구 분	1960년	1975년
캐나다	11.2	20.1
프랑스	14.4	26.3
독일(서독)	17.1	27.8
이탈리아	1.7	20.6
일본	7.6	13.7
영국	12.4	19.6
미국	9.9	18.7
주요 국 평균	12.3	21.9

출처: OECD(www.oecd.org)

대공황의 이해

대공황(Great Depression)은 1929~1939년 무렵에 북아메리카와 유럽을 중심으로 전 세계에서 광범위하게 지속된 경기침체를 뜻한다. 1928년부터 일부 국가에서 일어나기 시작한 경제적 공황이 1929년 10월 24일, 뉴욕 주식시장의 대폭락('검은 목요일'이라 부름)에 의하여 촉발되어 전 세계로 확대되었다. 이는 미국 등 자본주의 산업국가에 큰 영향을 주었는데, 실업과 경기침체, 빈곤 등의 문제는 경제 및 국민 생활에 대한 국가 개입과 관리의 필요성을 드러내게 되었고, 대량실업 및 빈곤 문제에 대한 구조적 해결을 위한 국가적 사회복지 프로그램이 등장하게 되었다. 자유주의 및 개인주의 전통이 뿌리 깊은 미국 또한 대공황을 통한 국가 개입의 정당성과 필요성을 인식하면서 사회서비스 분야 지출이 증가되기 시작하였다.

[그림 9-2] 1929년 10월 24일자 브루클린 데일리 1면 신문 기사 사진

출처: http://www.guardian.co.uk/business/gallery/2008/apr/14/economics.photography

〈표 9-5〉 OECD 국가 실업률 비교: 1933~1975년(단위: %)

	1933년	1959~1967년	1975년
프랑스	–	0.7	4.1
독일(서독)	14.8	1.2	3.6
이탈리아	5.9	6.2	5.8
일본	–	1.4	1.9
영국	13.9	1.8	4.7
미국	20.5	5.3	8.3
각국 평균	13.0	2.8	4.7

출처: Pierson(1998: 127). 재구성.

즉, 1960년대에 들어서면서 각국은 경제 공황에서 겪었던 실업 문제를 어느 정도 회복할 수 있었다. 특히 미국과 영국은 대단히 빠른 회복 양상을 보였다(〈표 9-5〉 참조).

이러한 사회경제적인 변화 속에서 각국은 자본의 성장과정에서 야기될 수 있는 사회문제의 해결책이자 국민 생활의 기본권리를 보장하고 욕구를 수용하는 정책적 차원에서 사회복지 관련 제도를 정비·확충해 나갔다. 영국의 경우, 세계대전 이후에 사회민주주의적 정책에 대한 국민적 합의에 근거하여 당파를 초월하는 정책을 확충시켰는데, 이 시기를 일컬어 마셜(T. H. Marshall)은 다음과 같이 표현한 바 있다.

"복지국가는 사실 모든 정당이 접근한 중복된 정치영역이 되었다. 복지국가는 보수당원에게도, 진보적인 자유당원에게도, 많은 급진주의자에게도, 온건한 사회주의자에게도 어필할 수 있는

〈표 9-6〉 영국의 주요 사회복지제도 확대 과정

집권당	시기(년)	사회보장의 확충내용
노동당	1945~1951	「국민보험법」, 「가족수당법」, 「국민보건서비스법」, 「국민 부조법」 확대 및 실시
보수당	1951~1964	사회보장 급여의 인상, 가족수당 증액, 국민보험법 개정, 소득 비례연금 도입
노동당	1964~1970	단기급여에 소득 보조, 사회보장성(DHSS) 설립, 국민 부조를 보조 급여제로 전환, 가족 수당 증액
보수당	1970~1974	가족소득 보족(FS) 제정, 연금생활자에 대한 성탄절 보너스 제도 도입
노동당	1974~1979	연금개선, 「신연금법」 시행, 아동급여 시행

출처: 신섭중(1995: 45).

장점을 가지고 있다."

영국은 1959년에 「국민보험법」을 개정하면서 균일갹출, 균일급부 원칙에 따라 집행되던 기존의 제도를 수정하였는데, 이를 계기로 지금의 사회보험제도와 같은 모습으로 바뀌었다. 즉, 차등기여 및 차등수혜의 원리가 접목된 것이다. 이 시기는 이른바 영국의 복지국가로서의 전성기로 시민권을 기반으로 하는 개혁의지, 정치적 합의, 경제성장과 민주주의의 발전 등이 중요한 동인이 되었다. 인플레이션은 안정되었을 뿐만 아니라, 앞서 설명한 베버리지 보고서에서 사회보장 3대 전제조건으로 강조된 완전고용이 가능해졌다. 이를 바탕으로 복지정책을 실시하는 데 필요한 재원의 기초가 되는 납세자 인구 역시 확보될 수 있었다.

또한 과거에 비해 빈곤과 실업 등의 문제로 어려움을 겪는 인구의 수가 감소한 반면, 사회보험 적용 대상자는 점차 확대되면서 안정적인 사회보험의 재원을 확보하는 기반이 마련되었다. 당시 영국의 복지 재정지출 및 복지정책은 노동자 및 일반 계급을 체제 순응형으로 변화시키는 데 기여했다. 또한 보수와 진보정당 간의 정책적 합의―이를 일컬어 버츠켈리즘(Butskellism)이라고도 함― 가 이뤄지면서 보다 안정적인 정치구조 속에서 사회서비스는 확산되었다.

FOCUS

버츠켈리즘(Butskellism)

1954년 2월, 영국의 시사주간지 『이코노미스트(*The Economist*)』 의 어느 기사에서 유래된 용어다. 『이코노미스트』는 당시 제2차 세계 대전 이후에 형성된 보수당과 노동당의 정책적 합의의 기조를 버츠켈 리즘이라고 명명했다. 이는 보수당 정부의 재무부 장관이었던 랩 버틀 러(Rab Butler)와 그의 상대역이라 할 수 있는 노동당 예비내각의 재 무부장관이었던 게이츠켈(Hugh Gaitskell)의 이름을 합성해 '미스터 버츠켈' '버츠켈리즘'이라고 일컬은 데서 비롯된 것이다. 즉, 경제ㆍ 노동ㆍ복지 등 모든 분야에서 좌와 우로 입장과 정책을 달리했던 두 당 이 케인즈주의와 복지국가를 받아들이고 상당한 정도 정책적 수렴을 한 것을 빗대어 만든 신조어였다. 이념이 다른 정파 간의 정치적 합의 를 일컬을 때 사용되기도 한다.

한편 스웨덴은 1932년 이래로 사회민주당의 거의 계속된 집권 아래 현재의 복지국가의 틀을 완성하였다고 해도 과언이 아니다. 전후 사회민주당은 공황 극복을 위한 실업구제와 경기회복에 초점을 두어 대규모 공공사업을 전개함으로써 농민의 소득을 지원하였으며, 국민의 구매력 증가를 통해 시장의 유통을 활성화시키고자 실업 보험 및 연금 증액 등 일련의 정책을 도입하여 불황을 극복하고자 하였다. 특히 복지국가의 중흥기라 할 수 있는 1950년대에 이르면서 스웨덴은 산업발전을 목표로 대기업 우선 육성 정책을 채택하여 완전고용을 지향하면서 국민 개인의 고소득을 보장하고자 주력하였다. 이를 통해 고부담 조세제도를 실시함으로써 지금의 발달된 복지제도가 가능하게 되었다.

미국의 경우, 양차 대전 후 세계경제의 선두권에 자리 잡게 되면서 점진적인 사회복지제도의 발전이 있었다. 미국의 사회보장제도의 가장 큰 변화는 1939년에 있었는데, 바로 노령 및 유족연금제도(Old-age And Survivors insurance, OAS)의 시행이었다. 이는 근로자가 퇴직 전에 사망하더라도 그 유족이 급여를 받도록 하는 것이다. 이와 더불어 1950년대와 1960년대 동안에 노령연금의 수혜대상 범위와 급여 수준 및 수급자격요건에 대한 변화가 있었으며, 메디케어(Medicare, 미국 의료보험)[2]가 시작되었던 1960년대에

---

2) 이때 도입된 메디케어는 65세 이상 노인, 65세 미만이나 일정 장애를 지닌 자, 모든 연령의 최종단계 신장병(투석이나 이식을 요함)을 가긴 자에게 급여를 제공하며, 연금과 달리 보험료 납부를 위한 소득상한을 두지 않았다. 급여는 입원보험(Part A: Hospital Insurance)과 의료보험(Part B: Medical Insurance), 그리고 약처방보험(Prescription Drug Coverage)을 제공하였다. H(Medicare Part A)는 별도의 보험료가 필요없이 가입자의 H

는 노인빈곤이 사회문제로 부각되면서 새로운 형태의 급여 인상
이 시도되기도 하였다. 무엇보다 가장 획기적인 발전은 수혜자의
수 증가에만 있는 것이 아니라, 다음 〈표 9-7〉에서와 같이 월평
균 급여의 괄목할 만한 인상, 그리고 사회보장 재정의 확충도 함
께 이뤄진 점이다.

〈표 9-7〉 미국 사회보장제도의 주요 지표

구 분	1940년	1950년	1960년	1970년
수혜자의 수(천 명)	222	3,477	14,854	25,312
월평균 급여(달러)	23	44	74	100
사회보장세가 연방수입 중에서 차지하는 비율	–	–	15.9	22.5
메디케어 지출(백만 달러)	–	–	–	6,800

출처: 신섭중(1995: 273).

즉, 장애보험 도입을 필두로 1969년에는 65세 이상의 노인을 대
상으로 하는 메디케어가 시작되었고, 공공부조제도(Aid to Families
with Dependent Children: AFDC) 역시 발전했다. 또한 소수의 근로
자를 대상으로 하는 성격에서 다수의 사람이 맞을 수 있는 다양한
사회적 위기상황에 대처하기 위한 소득 재분배 성격의 보험제도
로 변모하여 갔다.

보험료에 의하여 그와 그 배우자에게 제공되며, M(Medicare Part B)은 매월 별도의 보험
료를 납부해야 하며, 특진과 외래진료, 물리치료, 작업치료 등을 제공하도록 규정되었다.
약처방보험은 2006년 1월 1일 도입되었으며, 매월 별도의 보험료를 내야 하는데, 약처방
보험에 가입하면 약처방 시 비용을 낮게 부담할 수 있었다. 이 제도는 이른바 '오바마의
건강보험 개혁방안'이 발표·도입되기 전까지 미국 의료보험의 근간을 이루었다.

이 장의 요약

1. 복지국가의 확장기(1950년~1960년) 때의 배경에는 포드주의와 자본주의 경제체제가 자리한다. 자본주의와 포드주의의 결합이 만들어 낸 경제 호황은 국가의 수입을 늘려 주고 고용을 확대시켰을 뿐만 아니라, 절대빈곤인구를 감소시켜 줌으로써 대부분의 국가에서 복지제도를 만들고 발전시키는 기반을 제공해 주었다.

2. 1950년대 이후, 영국과 미국을 비롯한 대부분의 국가에서 사회복지에 대한 투자와 지출은 꾸준히 증대되었다. 이 시기에 영국의 복지재정 지출 및 복지정책은 노동자로 대표되는 일반 시민을 체제에 순응하도록 변화시키는 데 기여했고, 보수와 진보정당 간의 정책적 합의를 통해 사회서비스가 확산되었다. 미국 역시 제2차 세계대전 이후에 시장경쟁을 통한 완전고용과 경제성장을 이용하여 복지수준을 확보하고자 노력했으며, 전후 복지국가의 호황기까지 이러한 입장은 유지되었다.

3. 스웨덴은 정당정치와 시장경제체제 간의 조화를 이루면서 복지와 경제 부문 모두에서 빠른 성장세를 보였다. 완전고용을 지향하면서 국민적 차원의 고소득을 보장하고자 주력하였으며, 이를 통해 국민 개인에게 고부담 조세제도를 실시할 수 있도록 함으로써 지금의 발달된 복지제도를 있게 한 터전을 확보하였다.

제10장

복지국가의 위기 및 재구조화:
1970년대 이후

1. 대처리즘과 레이거노믹스의 등장

성장을 거듭해 오던 세계 경제는 1970년대를 기점으로 급속한 경기하락을 경험하게 된다. 1970년대에 발생한 오일쇼크는 완전고용을 자랑하던 지난 시기의 경제상황을 역전시켰으며, 고도의 경제성장을 토대로 운영되던 복지국가 역시 동요되기 시작하였다. 1970년대의 경제위기는 실질 경제성장률의 저하, 급격한 인플레이션, 높은 실업률을 만들어 냈다. 경제위기의 배경으로는 전후 미국을 중심으로 한 헤게모니가 쇠퇴하면서 발생한 국제적인 불안, 값싼 원자재 및 에너지 시대의 종료, 그리고 케인즈 정책의 모순과 인플레이션[1]으로 인한 국내 경제의 통제 불가능 등으로 정

---

1) 인플레이션이란 물가의 평균 수준이 지속적으로 오르는 것을 의미한다. 일시적인 현상이 아니라 꾸준한 물가 수준의 상승이 나타나는 것인데, 인플레이션은 구매력 하락과 연

리해 볼 수 있다(원용찬, 1998).

〈표 10-1〉에서 나타난 바처럼, 주요 국가의 재정지출 총액은
1955년부터 1976년까지 대부분 평균 13%가 넘는 증가 추세를 보
였는데, 경제 변화와 위기에 대응하기 위한 공공지출의 부담 증가
로도 해석할 수 있다. 따라서 이와 같은 상황은 자본주의 국가의
재정위기에 따른 복지 및 공공부문의 축소론이 등장하게 된 단초
가 된 것이다.

〈표 10-1〉 각국의 재정지출과 조세 부담률의 추이(경상가격 대 GDP 비율, %)

구분 국가	재정지출 총액			조세 부담률		
	1955~1957	1967~1969	1974~1976	1955~1957	1967~1969	1974~1976
미국	25.9(4.5)	31.7(7.1)	35.1(11.2)	24.8	29.1	27.5
영국	32.3(7.9)	38.5(11.3)	44.5(14.7)	28.6	34.1	27.5
프랑스	33.5(15.0)	39.4(19.2)	41.6(21.9)	30.9	36.2	37.2
독일(서독)	30.2(12.5)	33.1(13.2)	44.0(16.9)	31.4	33.6	38.3
일본	…(4.0)	19.2(5.2)	25.1(8.4)	18.0	18.8	22.1
캐나다	25.1(6.2)	33.0(8.2)	39.4(11.8)	22.8	29.5	32.5
이탈리아	28.1(10.9)	33.5(17.1)	43.1(21.5)	24.9	30.2	31.8
스웨덴	…(8.2)	41.3(12.3)	51.7(19.3)	36.2	38.8	47.0
OECD 평균	28.5(8.8)	34.5(12.2)	41.4(16.1)	24.6	30.1	33.9

*조세 부담률은 직접세와 간접세 및 사회보장세를 포함
출처: 원용찬(1998: 103).

결된다. 즉, 재화(상품)의 가격이 높을수록 화폐의 실질가치(구매력)는 하락하게 되는 것
이다. 특히 가계의 명목소득 상승률보다 물가 상승률(인플레이션 현상)이 높아질 경우
빈곤과 결핍의 문제는 더욱 악화될 수 있다.

특히 1970년대의 경제상황은 신자유주의의 본격적인 출발점이 되었는데, 그 시작은 1971년 8월 미국의 닉슨 대통령이 발표한 소위 '신경제정책'이었다. 신경제정책은 금－달러의 교환정지, 수입 특별세의 10% 부과, 임금 및 물가의 동결 등을 주요 내용으로 한 대폭적인 구조조정 정책이었다. 닉슨 대통령의 신경제정책은 사실상 브레튼 우즈 체제의 종결을 의미하는 것이어서 1973년 서구 자본주의 국가는 고정환율제를 포기하면서 변동환율제로 이행하게 되었고, 유로달러시장이 본격적으로 생성되면서 외환시장은 투기자본의 표적이 되었다. 이른바 글로벌 신자유주의체제가 형성되기 시작한 것이다.

〈표 10-2〉 브레튼 우즈 체제의 붕괴 원인

구 분	주요 내용
정치적인 측면	• 초국적 세력의 압력 강화 • 미국의 헤게모니 약화 • 제3세계의 독립과 민중운동의 발발
경제적인 측면	• 자유시장경제주의로의 전환 • 국적 자본의 대거 형성
기 타	• 포드주의의 모순 심화

1970년대의 경제위기는 세계 각국, 특히 미국과 영국을 중심으로 축소 및 시장지향형의 새로운 국가경제 운영 이념을 등장시켰는데, 바로 대처리즘과 레이거노믹스로 일컬어진다. 신자유주의 경제정책의 출발섬이라고 할 수 있는 대처리즘과 레이거노믹스는 각각 통화주의 정책의 성격과 공급 중심의 경제학적 성격이라는

차별되는 특징을 가지고 있다.

먼저 대처리즘의 배경을 살펴보면, 전후 영국은 공공지출을 늘려 실업과 사회문제를 해결하고자 하는 국가 주도형의 복지국가를 지향했다. 그러나 이를 위한 재정적 기반은 자본가 계층의 영향력 아래 종속될 수밖에 없는 처지였다. 하지만 영국은 시장경제의 위기를 극복하기 위한 방법으로 중상주의적 경제정책을 활용하지 않았다. 그것보다는 시장의 실패가 야기할 수 있는 경제위기를 예방하기 위해 국가경제가 지니고 있는 수요관리 정책을 중심으로 접근하였다. 그럼에도 불구하고 영국 정부는 자본가 계층에 대한 적절한 통제책을 마련하지 못하였고, 이에 따라 자본가 계층은 이윤창출이 되지 않는 국내 산업에 투자를 기피하는 등 시장운영의 비효율성과 불공정성이 확산되었다. 결국 시장에 대한 정부의 부적절한 경제정책과 힘없는 국가주의라는 귀결을 낳은 채 사회적 지출비용의 막대한 부담이라는 이중고까지 겪으면서 위기에 봉착하게 된 것이다(강상구, 2000: 103-104).

바로 이 시기에 대처리즘이 출발하게 된다. 즉, 1970년대 후반에 집권한 대처 총리는 영국 경제위기에 대한 책임을 무능한 정부와 이기적인 노동조합이라고 지적하면서 국가 개입의 축소와 노동조합의 약화 및 노동의 유연성을 위한 정책을 대폭 실시하였다. 대처리즘에 의한 사회경제정책의 핵심은 케인즈 식 총수요관리정책의 포기와 공공지출의 삭감, 조세감축, 통화량 조절, 탈규제, 투자유인 확보를 위한 공급경제의 강조, 관료와 노조권한의 감축 등을 비롯하여 경제와 복지로부터 국가의 전면적인 철수라고 할 수

〈표 10-3〉 대처리즘에 의한 주요 정책 특징

	주요 내용	영향 및 시사점
통화 정책	• 공공부문에 대한 정부 지출의 삭감 • 통화량 증가 목표치의 하락 및 대출 이자율의 상승	• 보편적 공여 원칙에서 개인적 공여 정책으로의 전환 • 과대 팽창된 국가 규모의 축소 • 개인의 경제행위의 동기 부여 • 지방정부에 대한 중앙정부의 통제력 강화 • 의회의 권위와 법의 지배 공고화 • 국방력의 강화 • 사회복지예산의 표면적인 고정
민영화 정책	• 공기업의 민영화 정책 • 정부서비스 정책의 외주화 • 정부활동의 탈규제	
조세 정책	• 소득세 최고세율 및 최저세율의 조절	
노동 정책	• 노조활동 탄압 • 국가경제개발위원회의 해체 (노동자의 정치활동 축소 및 노조의 단체행동권에 대한 제약) • 클로즈드숍 제도, 노동조합비 원천징수제도 철폐 • 노동시장의 유연화 정책 실시	
사회복지 정책	• 복지의 민영화 및 다원적 복지체제, 복지 관련 급여 요건의 강화 및 동결, 자산조사의 강화	
기타	• 법치질서를 유지하기 위한 제도의 확대	

있다(고세훈, 2000: 105).

한편 미국의 레이거노믹스 정책은 레이건 대통령의 취임을 기점으로 등장하였다. 레이거노믹스의 등장으로 인플레이션을 완화시키기 위한 긴축정책, 기업에 대한 조세감면혜택과 각종 조세완화제도와 더불어 노동자에 대한 강력한 통제정책이 동시에 실시되었다.

레이거노믹스의 주요 내용은 브레튼 우즈 체제의 붕괴와 함께 찾아온 새로운 경제질서 속에서 미국의 경제를 강화시키는 방법과 사회주의와의 대결에서 우선권을 가질 수 있는 정책에 관한 것이다. 또한 레이거노믹스는 포스트 포디즘(Post Fordism)의 영향을 받아 공공부문에 대해 연방정부가 사회서비스를 재정적으로 지원하고 전달하는 것을 지양하였다. 오히려 원조에 있어서 비국가 단체나 자조집단에 의존하며, 공공사회서비스 관련 분야를 분화시키면서 사회복지영역을 민영화시키고자 했다. 또한 실업보험, 포괄적 사회보장제도 등은 노동자의 근로의욕을 저하시킬 수 있다는 명분 아래 대리 축소함으로써 작은 국가를 강조하였다. 바로 이러한 점이 레이거노믹스의 근간을 이루고 있었다.

그러나 작은 정부론을 골자로 한 레이거노믹스는 애초의 예상과는 다른 방향으로 진행되어 갔다. 미국의 정부는 감세를 통해 시장경제활동을 양성하는 정책을 수행함에 따라 결과적으로 세금이 감소하여 민간 운영에 도움이 될 수 있었지만 정부 지출은 줄어들지 않았고, 이에 따라 레이건 대통령의 임기 중에 많은 재정적자가 쌓였다. 집권 당시 9,950억 달러의 재정적자로 출발했으나, 레이건 집권 말기에는 3배가 되는 2조 9,000억 달러의 적자를 남기게 되었고, 레이거노믹스는 고금리와 무역적자 확대만 가져온 것으로 결론을 맺게 되었다. 레이거노믹스는 감세에 따른 정부의 시장 개입을 축소시킴으로써 민간부문의 역동성과 창의성을 계발하려고 시도했다는 점에서 의미가 있지만, 본격적인 국가 경제 부양정책

〈표 10-4〉 레이거노믹스의 주요 내용

정책 분야	주요 내용
긴축 정책	• 사회복지부문을 비롯한 공공부문의 예산 삭감 • 고금리 정책 시행을 통한 통화 긴축 정책 실시
민영화 정책	• 기업의 경쟁력 강화를 위한 각종 규제 완화 정책 실시
조세 정책	• 소득세의 감소(최고세율의 하락) • 상대적 빈곤 계층을 위한 면제조치의 폐지
사회복지 정책	• 사회보장제도의 축소

으로서는 실패작이었다.

요컨대, 1970년대 후반 이후의 세계 경제의 특징은 서구 산업국가가 당면한 불황과 경제위기를 타개하기 위해 전개된 영국의 대처리즘과 미국의 레이거노믹스로 대표되는 신자유주의의 심화과정이라고 할 수 있겠으며, 양대 이론의 공통적인 결과는 빈곤과 실업의 증가 및 불평등의 심화라고 볼 수 있다.

2. 복지제도의 변화와 특징

1970년대 후반부터 불어닥친 세계 경제의 위기는 복지국가의 '존립 논쟁'을 야기하였으며, 축소론에 이르기까지 유례 없는 시련을 겪게 된다. 대처리즘과 레이거노믹스 등이 주도하는 사회복지정책은 복지국가와 공공지출에 대한 거부감에서 출발했기 때문에 자조와 가족 지지망의 강화, 시장과 사회관계의 상품화를 강조하는 방향으로 진행되었다.

그럼에도 불구하고 구체적인 사회복지 부문의 변화를 살펴보면 전체적인 사회보장비용이 증가하였다는 점은 주목할 만한 사실이다. 〈표 10-5〉에서 나타나는 것처럼, 신자유주의자가 사회복지제도의 축소와 각종 공공부문의 철폐를 주장하였지만, 사회보장 예산은 막상 큰 변화를 가져오지 못하였다. 이는 피어슨(Pierson, 1994)의 설명과 같이, 복지국가의 지출을 줄이는 것은 국가가 당면하고 있는 사회문제의 해결책을 확보하지 못하고 있는 상황에서 매우 어려운 결정이었을 것이라는 점과 연결된다. 예를 들어, 〈표 10-5〉의 복지부문 예산 변화를 살펴보아도, 1980년대에서 1990년대에 이르는 시기까지 복지예산의 급격한 삭감은 어느 나라에서도 이루어지지 않은 것을 알 수 있다. 즉, 무분별한 예산 조정보다는 급여기준의 강화, 자산조사의 확대 등 간접적인 축소방법이 동원되었다고 볼 수 있다(현외성, 강욱모, 2001: 253).

영국의 경우, 가장 먼저 논의의 초점이 된 것은 국가보건서비스

〈표 10-5〉 OECD 회원국별 복지부문의 사회보장비(단위: 자국의 GDP에 대한 %)

국 가 \ 연 도	1980	1985	1990	1991	1992	1993
대한민국	-	-	2.41	2.46	2.78	2.93
호주	7.13	8.45	8.79	9.84	10.65	-
오스트리아	16.92	18.81	18.29	18.58	18.80	19.65
벨기에	20.09	22.40	19.80	20.14	19.80	-
캐나다	8.01	10.25	11.16	11.92	12.45	12.56
덴마크	21.83	21.18	22.94	23.69	24.46	25.37

핀란드	13.73	17.85	18.86	23.21	27.35	28.49
프랑스	17.51	20.50	19.35	19.74	20.30	21.45
독일	–	–	–	19.61	20.66	21.84
서독	18.66	19.12	17.89	17.39	17.51	18.63
그리스	7.91	13.09	13.83	13.90	13.37	13.73
아일랜드	12.18	16.84	14.35	14.90	15.21	14.93
이탈리아	12.66	16.18	16.71	16.81	18.22	18.73
일본	6.14	7.07	7.33	7.23	7.37	–
룩셈부르크	21.06	21.13	20.44	21.89	22.17	23.41
멕시코	–	0.36	0.72	0.85	0.93	–
네덜란드	22.81	23.11	23.11	22.85	23.26	23.44
뉴질랜드	12.21	14.16	16.29	15.61	16.65	–
노르웨이	12.90	14.61	20.39	21.32	22.47	22.50
포르투갈	7.91	8.50	10.15	10.94	11.61	12.25
스페인	11.97	14.11	14.38	15.05	15.72	16.79
스웨덴	21.74	23.62	24.91	27.33	30.61	31.81
스위스	11.25	12.66	12.32	–	14.86	–
터키	3.49	3.52	5.43	5.54	5.80	5.68
영국	13.43	16.13	14.79	15.69	17.06	17.67
미국	8.89	8.83	9.08	9.55	9.85	9.79

출처: OECD(1996).

(National Health Service, NHS) 제도였다. 먼저 NHS의 운영방식이라고 할 수 있는 국가에 의한 독점적 급여제공의 문제가 논쟁의 초점으로 부각되었다. NHS가 출발한 1948년 이래 국가는 보건에 관한 한 모든 국민에게 기본적인 재화와 서비스를 제공하였고, 또한 그것이 당연시되었기 때문에 모든 국민이 의료 수혜 대상이 되었다. 그러나 1970년 이후 대처리즘이 유행하면서 국가에 의한 독점적 급여제공의 철학적 기반이 도전을 받게 된다. 즉, 독점적 급여

는 소비자 선택의 폭이 좁을 수밖에 없으므로 의료에 있어서 '조
잡한 치료'의 평등이 초래되며, 근로의욕을 약화시키면서 의료비
지출을 증가시킬 우려를 가지고 있다고 보았다. 그리고 보편적 급
여의 문제가 새롭게 대두되었다. 대처리즘은 급여의 대상을 혜택
이 꼭 필요한 사람에게 제한해야 한다는 원칙을 내세웠기 때문에
아무에게나, 어느 때든지 급여를 보장한다면 역시 근로동기를 약
화시키고 공공지출을 증가시킬 수밖에 없는 한계상황으로 진행될
것이라고 보았다. 보수 우익주의자는 소수의 꼭 필요한 사람에게
조차 급여를 제공하기도 어려운데 다수의 국민에게 넘쳐나는 메
뉴(의료혜택)를 무료로 제공할 필요까지는 없음을 주장하게 된 것
이다.

한편 경제위기의 상황은 미국에도 이어져 자국의 인플레이션
과 더불어 사회보장의 위기상황이 전개되기 시작하였다. 사회보
장의 위기는 경기 침체, 사회보장 적립기금에 대한 잘못된 예측,
전문가 집단의 합의 실패, 여론의 분산 등 복합적인 요인에 기인
했다. 예를 들어, 1978년 미연방정부의 지출 가운데 사회보장비
는 38%에 달하는 수치를 보이고 있는데, 이는 그해 경상 GNP의
7.8%에 이르는 수준이었다. 따라서 이러한 사회보장 적자를 감축
시키기 위한 노력이 시작되었다. 1980년에 취임하게 된 레이건
대통령은 조기퇴직 급여의 삭감, 최저급여제도의 폐지, 생계비 연
동(Cost of Living Adjustment, COLA)의 3개월 연기로 이어지는 대대
적인 사회보장제도의 축소를 단행하고자 하였으며, 몇 차례의 거
센 반발에도 불구하고, 결국 1983년에 사회보장개혁위원회의 권

고를 바탕으로 전면적인 제도개혁을 실시하였다. 주요 내용으로 '노령, 유족, 장애, 의료보험(Old Age, Survivors, Disability and Health Insurance: OASDHI)의 적립기금 잔고가 일정률 이하로 떨어질 때는 소비자 물가지수와 임금인상 지수 가운데 낮은 지수에 기초하여 급여액을 조정하도록 하였다. 기존의 사회보장 급여는 소득세의 적용을 받지 않았으나, 사회보장 급여의 1/2과 과세대상 소득을 합친 것이 독신의 경우 25,000달러, 부부의 경우 32,000달러 이상인 경우에 사회보장 급여액 중 절반은 소득세율의 적용을 받도록 하였다. 아울러 2003년부터 퇴직연령을 65세에서 76세로 늘렸다(Axinn & Stern, 1998: 145-146).

즉, 자본주의 속에서 나타나는 각종 문제점과 불평등을 보완할 수 있는 장치로서의 복지국가의 필요성은 이미 서구 각국에서도 합의가 된 상황임을 알 수 있다. 다만 전술한 바처럼 국가의 재정 및 경제 위기를 극복하기 위해 실시된 '작은 정부–강력한 시장론'은 복지 예산의 축소로 이어진 것이 아니라 각종 제도 시행의 엄격화와 규제로 이어지게 되었다.

이 장의 요약

1. 대처리즘과 레이거노믹스 같은 정책 기조는 복지국가와 공공지출 모두를 비판하였고, 자조와 가족 지지망의 강화, 시장과 사회관계의 상품화를 강조하였지만 이는 오래 가지 못하였다. 오히려 위기를 겪으면서 사회안전망으로서의 복지제도는 사회복지 분야의 지출이 필요한 이유로 등장하였고, 이는 사회지출과 사회서비스 투자에 따른 순기능을 인식하게 하였다.

2. 각국의 사회복지제도는 확장과 후퇴 그리고 재구조화를 거듭하면서 감당할 수 있는 복지국가, 즉 지속 가능한 복지국가를 만드는 방향으로 수렴되는 추세다. 복지와 경제를 택일하려는 획일적인 관점에서 벗어나 시장과 사회서비스 모두에서 국가의 적극적인 역할이 강조되고 있다.

마치는 글

사회복지는 인류의 오랜 역사를 함께 걸어왔다. 역사를 통해 나타났던 보수와 진보, 좌파와 우파 등의 구분에서 오는 열띤 대립과 논쟁의 중심에는 결국 삶의 질이 자리했고, 이는 곧 복지국가를 어떻게 꾸릴 것인지에 대한 고민으로 연결되었다. 지금까지 이책에서 살펴본 내용처럼 경중(輕重)과 방법의 차이는 있었지만 그어떤 국가라도 복지제도를 모두 없애 버렸던 적은 단 한 번도 없었고, 이는 앞으로도 그럴 것으로 짐작된다. 그렇다면 그 오랜 역사 속 많은 사건이 오늘을 살고 있는 우리에게 말하고 싶은 것은 '어떻게' 복지를 발전시키고 지속 가능하게 할 것인가에 대해 치열하게 고민하라는 당부일 것이다.

사회복지는 그 누구만을 위해서 혹은 어떤 시기에만 필요한 것이 아니다. 사회와 국가 발전수준 및 경제구조, 그리고 사회적 상황과 국민의 욕구를 충분히 고려한 제도를 만들어야 하며, 반드시 실현 가능한 정책 목표를 수반하여야 한다. 사실 우리나라를 비롯한 많은 국가가 지금까지 권리에 터 잡은 복지국가의 틀을 만드는데 힘을 쏟았다면, 지금부터는 복지국가를 발전시키는 데 눈을 돌릴 차례다.

과거 20세기 후반을 지배한 복지국가 모형은 지금 현재 맞고 있는 세계사적 전환의 소용돌이의 중심에서 수정과 변형을 요구받고 있다. 그 중심은 토착적이면서 지속가능한 복지국가 모형을 개발하는 것이다. 이런 점에서 우리나라 역시 사회복지역사를 통해 얻는 교훈과 통찰력을 바탕으로 현실의 시장자유주의와 우리 현실의 민주주의에 발을 딛고 있는 모형을 만들어야 하는 과제를 가지고 있다. 사회복지역사를, 그것도 서구와 우리의 역사를 비교하면서 종횡으로 탐구하는 이유도 바로 여기에 있다.

사회복지는 역사에서 보았던 주고받는 자의 지위에 기인하는 '누구를 위하여'나 특정 대상으로 한정 짓기 쉬운 '어떤 경우' '누구에게'의 차원에서 벗어나 '다 함께'를 지향하는 것으로 그 방향을 잡아야 할 것이다. 이 책을 통해 살펴본 역사적 사실에서 알 수 있듯이 만약 복지국가, 복지제도가 없었더라면 인류는 능력 있거나 가진 자가 베푸는 시혜 그리고 승자독식사회의 냉혹한 경쟁원리에 의해 여전히 고통을 당했을 것이다. 사회복지가 지키려고 하는 가치와 목적은 결국 이러한 고통으로부터 모두가 자유롭고 해방되는 것이다. 다름 아닌 국가가 국민 개인의 인간다운 삶을 기본적으로 보장하고 누구나 기본적인 복지권을 누릴 수 있는 사회, 그리고 이를 바탕으로 개인의 행복추구권에 의해 자아실현

이 가능한 사회가 복지국가가 이르러야 할 종착점이다. 또한 그것
이 인류와 함께 부침을 거듭했던 오랜 사회복지역사가 우리에게
말하고자 하는 궁극적인 이념이자 오늘날 복지국가가 지향해야
할 방향일 것이다.

참고문헌

감정기, 최원규, 진재문(2008). 사회복지의 역사. 경기: 나남출판.

강상구(2000). 신자유주의의 역사와 진실. 서울: 문화과학사.

강응천, 김덕현, 김형규, 백성현(2013). 세계사와 함께 보는 타임라인 한국사. 경기: 다산북스.

강준호(2013). 벤덤의 공리주의에서 '자유' 개념에 대하여. 철학연구, Vol. 100, 103-129.

고세훈(2000). 영국 보수당주의와 대처리즘의 일탈 (안병영, 임혁백 편) 세계화와 신자유주의. 경기: 나남출판.

고영복(1996). 사회정책신론. 서울: 사회문화연구소.

기타오카 다카요시(2013). 복지강국 스웨덴 경쟁력의 비밀 (최려진 역). 경기: 위즈덤하우스.

김경미(1990). 1834년 영국의 신구빈법에 대한 연구. 이화여자대학교 석사학위논문.

김덕호(1994). 산업사회 영국의 빈곤과 복지정책: 자선조직협회 vs. 페이비언협회 1869-1909. 역사학회 역사학보, 144권, 187-221.

김동국(1997). 영국 빈민법사를 통해 본 복지국가 성립의 내부적 조건. 사
    회복지연구: Vol. 7. 부산: 부산대학교 사회복지연구소.

김성이(2002). 사회복지의 발달과 사상. 서울: 이화여대출판부.

김영종(1992). 복지정책론. 경기: 형설출판사.

김영종(2008). 사회복지전문직의 원인론(etology) 분석과 정체성에 관한
    연구. 사회과학연구, 제24집 제3호, 83-102.

김영화, 김구, 김지아, 장경은, 정금화(2007). 한국사회복지론. 경기: 양서원.

김영화, 박태정(2003). 복지와 경제의 상생적 사회개발. 서울: 양서원.

김영화, 박태정, 장경은(2008). 사회정의실현을 위한 사회복지정책론. 경기:
    공동체.

김의제(1999). 우리나라 제조업의 성장요인 분석(연구개발 투자의 생산성
    분석을 중심으로). 정책연구. 서울: 과학기술연구원.

김인춘(2007). 스웨덴 모델, 독점자본과 복지국가의 공존. 서울: 삼성경제연
    구소.

남성현(2009). 4~5세기 기독교 성인전에 나타난 '가난한' '자선사업가
    (euergetes)'. 서양고대사연구, 25, 301-337.

노병일(2000). 사회보장론. 서울: 대학출판사.

노성기(2011). 자선에 대한 교부들의 가르침, 광주가톨릭대학교 신학연구
    소. 신학전망, (175), 278-305.

대한민국정부(1993). 신경제5개년계획.

덕현(2010). 법규경. 서울: 금비.

라메쉬 미쉬라(1996). 복지국가의 사상과 이론 (남찬섭 역). 경기: 한울.

박광준(2008). 사회복지의 사상과 역사. 경기: 양서원.

박병현(2005). 복지국가 발달의 문화적 분석. 한국사회복지학, Vol. 57, No.
    3, 277-304.

박병현(2010). 사회복지의 역사. 경기: 공동체.

박태정(2007). 성장과 분배의 조화: 지속 가능한 복지발전에 대한 시론. 복

지행정논총, 17(2), 25-46.

박태정(2010). 북한이탈주민의 생존권적 기본권 개선방안. 정책연구. Vol. 165. 191-223.

세끼시다 미소르(1989). 현대 세계 경제의 불안정성의 구도. 현대 제국주의 와 동아시아 신흥공업국가: 한, 미, 일 국제분업구조를 중심으로 (전창환 편역). 서울: 태암.

소경광승(1983). 세계경제입문 (편집부 역). 서울: 거름.

소광섭(2007). 진대법의 사회복지적 성격에 관한 연구. 사회복지정책, vol 31, 63-78.

신섭중(1995). 세계의 사회보장. 서울: 유동출판사.

양정하(2005). 사회복지발달사. 경기: 학현사.

원용찬(1998). 사회보장발달사. 전주: 신아.

유동철(2011). 지역사회복지관을 어떻게 할 것인가. 월간 복지동향, (147), 4-8.

이재율(2006). 스웨덴 복지국가 모델의 형성과 위기. 사회과학논총, 25(1), 5-21.

장기용(2005). 윌리엄 템플의 기독교적 사회질서와 복지국가. 연세대학교 박사학위 논문.

장은주(2004). 사회정의와 인간의 존엄성: 마갈릿의 "품위 있는 사회"의 기획에 대한 비판적 검토. 철학사상, Vol. 19, 197-229.

조용욱(2000). 사회상태, 사회적 정보, 사회조사: 영국, 1780-1914. 영국연 구. Vol. 4. 25-54.

주OECD 대표부(2005). 스웨덴 복지국가 모델과 시사점.

최명순(1994). 한국사회복지이념의 사적 연구. 서울: 자유출판사.

최무열(2012). 기독교 역사 속의 사회복지. 기독교사상, Vol. 648, 40-48.

최민홍(1983). 한국윤리사상사. 서울: 성문사.

최병조(1997). 私法上團體에 관한 一般論-團體法論의 역사적 발전과정을 중심으로. 민사판례연구, [XX], 523-548.

최익환(1947). 조선사회정책사. 박문사

최형익(1998). '신자유주의' 공세와 사민주의적 노동운동-영국과 스웨덴
  의 대응을 중심으로-. 자본의 세계화와 신자유주의. 서울: 문화과학사.

최혜지, 김경미, 정순돌, 박선영, 장수미, 박형원, 배진형, 박화옥, 안준희
  (2013). 사회복지실천론. 서울: 학지사.

하상락(1989). 한국사회복지사론. 박영사.

하성수(2011). 부와 가난에 대한 바실리우스의 이해. 神學展望, No. 172,
  58-84.

허구생(2007). 빈곤의 역사, 복지의 역사. 경기: 한울.

현외성, 강욱모(2001). 전환기의 복지국가. 경기: 강남대학교 출판부.

Axinn, J. & Stern, M. (1998). *Dependency and poverty: Old problems in
  a new world*. Lexington, MA: Lexington Books.

Barker, R. L. (1995). *The social work dictionary* (3rd ed.). Washington
  DC: NASW Press.

Caputo, D. A. (1975). New perspective on the public policy implications
  of defense and welfare expenditures in modern democracies: 1950-
  1970. *Policy sciences, 6*(4), 423-446.

De Schwentz, K. (1961). England's road to socal security: from the
  Statute of laborers in 1349 to the Beveridge report of 1942. Barnes.

DiNitto, D. M. (1991). *Social welfare: Politics and public policy* (3rd ed.).
  Boston: Allyn and Bacon.

Dworkin, R. M. (2005). 자유주의저 평등 (염수균 역). 경기: 한길사.

Esping-Anderson, G. (1996). *Welfare States in Transition: National
  Adaptations in Global Economies*. Thousand Oaks, CA: Sage.

Flexner, A. (1915). Is Social Work a Profession?. *National conference of charities and correction*. Baltimore.

Heclo, H. (1981). Toward a new welfare state?. P. Flora & A. J. Heidenheimer (eds.), *The development of welfare state in Europe and America*. New Brunswick: Transanction Books.

Heilbroner, R. L., & Milberg, W. (2011). 자본주의 어디서 와서 어디로 가는가 (홍기빈 역). 서울: 미지북스.

Hinton, J. (1973). *The First Shop Stewards' Movement*. London: George Allen & Unwin.

Hugh, H. (1981). Toward a new welfare state?. In P. Flrora & A. J. Heidenheimer (Eds.), *The development of welfare state in Europe and America*. New Bruswick and London: Trandsaction Books.

Kirst-Ashman, K. K. (2010). *Introduction to Social Work & Social Welfare: Critical Thinking Perspectives*. Monterey, CA: Brooks & Cole.

Kropotkin, P. (1914). *Mutual Aid, Extending*. Fremont, CA: Horizon Books.

Lubove, R. (1965). *The professional altruist: the emergence of social work as a career, 1880-1930*. Cambridge, MA: Harvard University Press.

Midgley, J. (2003). 복지와 경제의 상생적 사회개발 (김영화, 박태정 공역). 경기: 양서원.

NASW. (2004). 사회복지대백과사전 (김만두, 김융일, 박종삼 대표감수). 경기: 나눔의 집.

O'Conner, J. (1973). *The Fiscal Crisis of the State*. New York: St Martin's Press.

OECD. (1996). Social Expenditure Statistics of OECD Members Countris.

Pierson, C. (1998). *Beyond the welfare state, the new politcal economy of welfare stat* (2nd ed.). Cambridge: Polity Press.

Pierson, P. (1994). *Dismantling the welfare state? Reagan, Thatcher, and the politics of retrenchment.* Cambridge: Cambridge University Press.

Pioen, F. F., & Cloward, R. A. (1971). Regulating the poor: The Functions of public welfare. New York: Vintage Books.

Ploug, N., & Kvist, J. (1996). *Social Security in Europe: Development or Dismantlement?.* Netherlands: Kluwer.

Rooff, M. (1972). *Hundred Years of Family Welfare.* London: Michael Joseph.

Trivers, R. L. (1971). The evolution of reciprocal altruism. *Quarterly Review of biology, 46*(1), 35-57.

Yan, M. C., Lauer, S. R., & Sin, R. (2009). Issues in community rebuilding: The tasks of settlement houses in two cites. *Socal Development issues, 31,* 39-54.

Zastrow, C. (1992). *The Practice of Social Work.* California: Wadsworth Publishing Company.

참고 사이트

http://www.oecd.org
http://britannica.com

201

찾아보기

인 명

내 용

저자 소개

박태정(Park Taejeong)

경북대학교 문학 박사(사회복지학)

국민권익위원회 조사관

현 서울사이버대학교 사회복지학부 교수

〈저 서〉

사회사업과 사회개발-개발적 사회사업의 이론과 기술(공역, 양서원, 2012)

사회정의 실현을 위한 사회복지정책론(공저, 공동체 2008)

〈논 문〉

Emerging issues regarding social enterprise in South Korea(2013)

베이비부머 세대들의 삶을 통해 본 일과 은퇴의 경험적 의미에 대한 연구(2013)

공공부조 권리구제 절차의 문제점 및 개선방안(2010)

균형적 관점에서 본 사회자본의 재검토 및 개발방향(2010)

지역아동센터는 어떻게 운영되고 있는가: 지역아동센터의 운영경험에 대한 질적연구
 (2010)

〈연구과제〉

베이비부머세대 퇴직 후 생활세계의 형성과정과 본질적 의미에 관한 연구(2014)

마을공동체 운동의 성과와 전망: 토착적 지역복지모델의 가능성 탐구(2013)

사회복지역사 탐구
History of Social Welfare

2014년 7월 10일 1판 1쇄 인쇄
2014년 7월 15일 1판 1쇄 발행

지은이 • 박태정
펴낸이 • 김진환
펴낸곳 • (주) **학지사**
        121-838 서울특별시 마포구 양화로 15길 20 마인드월드빌딩
대표전화 • 02-330-5114   팩스 • 02-324-2345
등록번호 • 제313-2006-000265호

홈페이지 • http://www.hakjisa.co.kr
커뮤니티 • http://cafe.naver.com/hakjisa

ISBN 978-89-997-0429-1 93330

Copyright © **2014** by Hakjisa Publisher, Inc.

정가 14,000원

인터넷 학술논문 원문 서비스 **뉴논문** www.newnonmun.com

이 도서의 국립중앙도서관 출판시도서목록(CIP)은 서지정보유통지원
시스템 홈페이지(http://seoji.nl.go.kr)와 국가자료공동목록시스템
(http://www.nl.go.kr/kolisnet)에서 이용하실 수 있습니다.
(CIP 제어번호: CIP2014019285)